让每一个孩子都成为福尔摩斯

福尔摩斯
侦探推理游戏精选

张蓉 著

台海出版社

图书在版编目（CIP）数据

福尔摩斯侦探推理游戏精选 / 张蓉著. —北京：台海出版社，2018.7

ISBN 978-7-5168-1969-2

Ⅰ.①福… Ⅱ.①张… Ⅲ.①智力游戏 Ⅳ.①G898.2

中国版本图书馆CIP数据核字（2018）第125979号

福尔摩斯侦探推理游戏精选

著　　者：张　蓉

责任编辑：高惠娟　曹文静　　装帧设计：仙　境

版式设计：曹　宝　　责任印制：蔡　旭

出版发行：台海出版社

地　址：北京市东城区景山东街20号　邮政编码：100009

电　话：010-64041652（发行，邮购）

传　真：010-84045799（总编室）

网　址：www.taimeng.org.cn/thcbs/default.htm

E-mail：thcbs@126.com

经　销：全国各地新华书店

印　刷：玉田县昊达印刷有限公司

本书如有破损、缺页、装订错误，请与本社联系调换

开　本：880mm × 1230mm　1/32

字　数：165千字　　印　张：8

版　次：2018年8月第1版　　印　次：2018年8月第1次印刷

书　号：ISBN 978-7-5168-1969-2

定　价：39.80元

前言

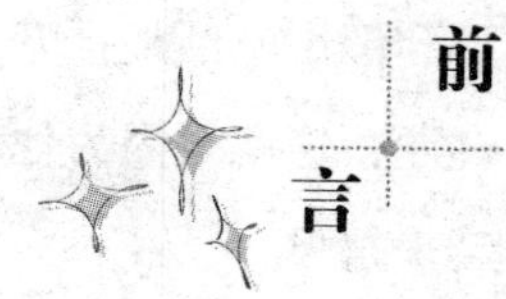

夏洛克·福尔摩斯，一个所有推理迷都必然知晓的名字。在世界推理界，恐怕不会有第二个名字能够让推理迷们产生遐想。当这个名字出现时，人们想到的是他超乎常人的探案能力，而这种探案的能力则要归功于他获取信息的能力。

对于每个人来说，获取信息的能力都是我们必不可少的生存技能。小到在学校里学习、考试，大到进入社会工作、生活，都需要我们获取身边的信息，并对信息进行分析和处理。

你要举一反三地了解老师的教诲，你要能听懂同学的弦外之音，你要能从别人的成功中寻找到可以借鉴的东西，你要能够从日常的新鲜事中获取有用的谈资……

这些生活中的点点滴滴，都源自于获取信息的能力。那么，获取信息的能力是天生的吗？

当然不是，获取信息的能力得自于另一项可以培养的能力，这项能力在福尔摩斯身上最能体现出来，那就是推理。

推理是最强大的头脑武器，它建立在基本的智商上，并随着学习和锻炼不断地提升。为什么有些聪明人总是喜欢解开别人设置的谜题，这就是因为他们热衷于推理的锻炼，进而让自己的推理能力越来越强。

拥有推理的头脑，就如同拥有了一件利刃，可以用来攻破别人有意无意间设置下的迷惑陷阱，可以让你拥有人人羡慕的“高智商”。

在我们的历史上，那些最伟大的科学巨匠，那些最博学的学者，那些最成功的成功人士，他们之所以能够取得异于常人的成就，就是因为他们拥有异于常人的推理能力。

所以，对于我们每个人而言，推理能力的锻炼都是不能停歇的。而本书，就是这样一本帮助您用最快的时间掌握福尔摩斯推理术的著作。在本书中，我们精选了十大类200余个经典案例，希望以寓教于乐的方式提高各位读者的推理能力。

在本书中，我们既把案情以生动的故事形式表现出来，又为读者在故事里留下足够的线索。如果读者善于运用这些线索，将可以扮演侦探的角色，自己解决这些案件。

对小朋友们，本书还可以作为一本难得的故事书，因为这里有着各种各样新奇的案例、引人入胜的情节；它也可以被当作一本推理教材，因为这里还有着循循善诱的推理过程。也许，最初小读者们是被缤纷的故事情节所吸引，但读着读着，就会不由自主地开始进行分析和推理，体验这门神奇的艺术。生动的故事情节在小读者们的脑海中不断重演，即便是在放下了书本一段时间之后，也会时时想起、回味。

伴随着这些回味，种种可应用的推理技巧也将深深地印在他们的脑海里，让孩子在阅读中提升智慧之光，磨砺推理之刃，让孩子对信息的获取变得更加游刃有余，一步步成为高智商神通。

推理是一门技术，更是一门艺术。本书将陪你一起体验推理的神奇、游戏的乐趣，真正做到寓教于乐，让人百读不厌，回味无穷。本书不仅适合孩子阅读，成人也可以从中获益，是一本值得收藏的好书。

目录

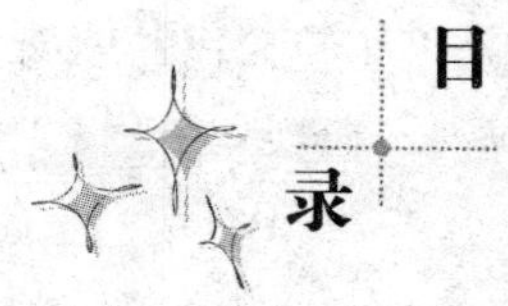

Part 1　归纳推理：教你从 1 推断出 100 来

Part 2　联言推理：不钻牛角尖解决问题

Part 3 类比推理：苹果、香蕉、哈密瓜之间的联系

Part 4 三段推理：A+B=C

Part 5 假设推理：如果明天没有太阳

Part 6 驳谬推理：不可能的事情是怎么发生的？

Part 7 同异推理：大同小异 VS 小同大异

Part 8 逆向推理：把事情倒过来看会怎样

Part 9 形神推理：别人的脸上写着“字”

Part 10 连环推理：一环套一环的推理思路

Part 1

归纳推理：教你从 1 推断出 100 来

小朋友看到天上有燕子在飞，一只、两只、三只……于是小朋友就推断出所有的燕子都会飞，这就是“归纳推理”。归纳推理，就是用一个个单一的现象，推导出它们背后共同的现象，然后归纳出现象的本质。

掌握归纳推理，会锻炼小朋友的逻辑思维和总结能力，在日常学习中，懂得总结的小朋友总能先于别人学会很多知识。下面，就让我们跟随福尔摩斯的脚步，去挑战那些只有用归纳推理才能够解开的谜题吧！

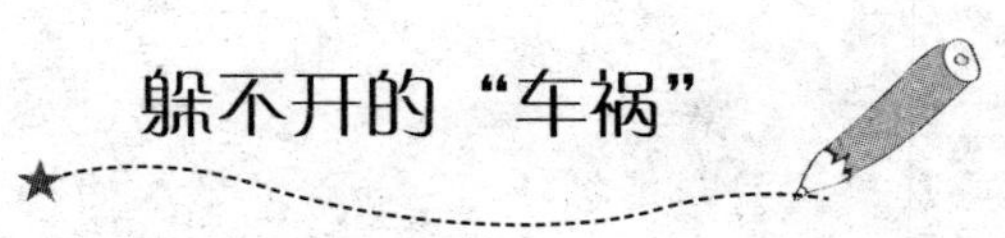

躲不开的“车祸”

华特 35 岁，和其他一起开货车的同行比起来，他算是事业有成。不过，上星期，他遇到了一起事故，这给他的事业蒙上了一层阴影。

那天，他刚从高速路口下来，车速还很快。突然，前面的人行道上跑出一个人来，就那样站在机动车道上不动了。由于惯性太大，华特最终还是没能刹住车，那人也没能被救回来。

就现场来看，警方根据伤痕断定死者在受到首次撞击的时候是正面朝向开来的货车的。通过对尸体神经、运动系统的检测发现，他当时全身的肌肉都处在相对松弛的状态，他死前并没有特别紧张。

这起车祸本就让华特忐忑不安，死者的亲属又以故意杀人的罪名起诉了他，这让他十分头疼。当然，他也理解对方的心情。据了解，死者刚刚被女友抛弃，而且正是为了女友，半年前他放弃了对他来说可遇不可求的事业发展上的一次机会。这个选择对他这样一个事业心极强的人来说，实在是非常艰难的。

尽管死者接连遭遇不幸，但这也不能归咎在华特身上。警方经过取证推理，得出了死者系自杀的结论，华特连过失杀人的罪名都不需担负，仅被处以交通事故中最轻级别的惩罚。

警方是怎么得到死者是自杀的结论的呢？

这个案例应用归纳推理来分析。正常人面对飞速开来的汽车，都会十分惶恐。无论是被吓呆了，还是想要匆匆逃命，他们身体内部的机能都会处于紧张状态。但是这名死者却被证实并没有处在紧张状态，也就是说，他要么没有注意到来车，要么注意到了却不害怕。但是，他是正面朝向汽车的，因此不可能没注意到危险，故推断他看到了汽车却不害怕。把这种不害怕与他刚刚被最重要的人抛弃这件事联系起来，就可以归纳出死者当天正处于求死的状态，因此他是自杀。这就难怪技术不错的华特居然会躲不开他了。

是谁杀死了富翁

一天夜里，知名企业家梅甘在自己的公司里被人杀害了。

经法医鉴定，死亡时间约在当天晚上十点，死者被“点三八”

手枪击毙的。死者趴在桌子上，屋内没有任何挣扎的迹象，但办公室的门有明显被人撞击的痕迹。另外，室内的保险柜被人撬开，奇怪的是现金还在，只是一个文件袋被拿走了。

经过严密排查，警方最后确定了四名嫌疑犯。

第一个是玛利亚，死者的妻子。他们一直闹着要离婚，在财产分配的问题上也没能达成一致的意见。

第二个是梅丹理，死者的弟弟。他在银行工作，曾为梅甘的贷款做了三年的担保人，有偿还能力的梅甘迟迟不还贷款，梅丹理一直对此怀恨在心，所以有重大嫌疑。

第三个是劳拉，死者的秘书，据传与梅甘有染。劳拉早就想从梅甘那里得到一条钻石项链，但梅甘一直没有给她，劳拉对此耿耿于怀。

第四个是克劳斯，他是梅甘的竞争对手，最近与梅甘竞标一块地皮，势头很强劲。

这几个人都有作案的可能，且都有充足的作案时间。根据以上这些情况，你认为谁最有可能是凶手呢？

死者办公室的门既然有被撞击过的迹象，所以凶手一定是陌生人。梅甘办公室的保险柜曾经被打开过，但现金却没有被带走，只是丢失了一个文件袋，所以可以断定凶手不是为财而来。

据此，我们起码断定有两个人不是杀死梅甘的人，他的秘书和他的妻子，因为这两个人都有梅甘办公室的钥匙。此外，梅甘的弟弟嫌疑也较小，因为他只会为钱杀人。

那么，剩下的就只有克劳斯了，最近克劳斯和死者正在为竞标的事情对立，而文件袋里面装着的就是关于竞标的方案书。所有的线索都指向了克劳斯。所以，凶手最有可能就是克劳斯。

富家女绑架事件

富商李公普的女儿被绑架了。据他向警察介绍，当天，从大学里放假回来的侄女来他家玩，自己的小女儿就缠着姐姐带她去公园。为了保证女儿的安全，李公普让管家跟她们一起去，谁知道小女儿还是被绑匪盯上，绑架走了。侄女现在还惊魂未定，让他不知道怎么办才好。

很快，李家的电话响了。绑匪的要求很简单，向指定的境外账户汇入 1000 万元即时生效款项，就放人。李公普按照警方的建议让女儿说句话，但只听到一声“妈妈”就断了。不过在与绑匪的谈话中，警方还是捕捉到了一些其他的声音，那些声音就好像动物在嘶鸣一样。与警方预料的一样，绑匪使用的是能够反追踪的网络电话，因此无从得知对方的具体位置。但是绑匪不可能带着人质上飞机，按时间推算，他们不可能离开国境。

不过，由于无法使用现代技术进行追踪，想要确定人质位置，如大海捞针一般。现在李公普最担心的还是女儿的安危，如果按照警方所说，他遇到的这批劫匪是盛传的拿钱不放人的那一个团伙，他的女儿岂不是凶多吉少了？

为了确保女儿的安全，李公普不能信任绑匪，只能依靠警方的力量。警方也出动了大批人力到动物园、养殖场这些地方去搜寻。他们目前所掌握的线索也只有类似动物嘶鸣的背景音了。虽然搞不好那就是电视里发出的声音，但也不放弃最后的希望。可是时间飞快地流逝着，约定的时间眼看就到了，警方的搜寻仍然没有任何进展。李公普绝望之余又想到了一个人——他的好友史密斯侦探，就赶忙打电话过去让他帮忙。史密斯询问了一下调查方向和进展之后，提出了一个搜索地点。警方去搜索，果然找到了人质被藏匿的具体位置。

这个地点是哪里呢？

其实人质就在被绑架的公园附近。绑匪过了一段时间才联系李家的人，就是为了让他们以为人质已经远离了绑架现场。电话中出现的动物嘶鸣其实是游乐园里惊险游戏的背景音。史密斯把警方的调查所获归纳了一下，发现警方只局限于能够发出动物嘶鸣声音的真实地点上，没有包括虚拟声音的地点，就大胆设想是游乐园。而游乐园中最有特点的还是案发现场的公园。果然在那里发现了人质。

刀伤辨凶徒

卡洛夫从部队退役后，到安保公司工作。他平日里看不惯一些事情，常常按捺不住火爆性格而出手干预。因此，在镇上结下了一些仇人。

这天晚上，他的妻子等了很久也没见丈夫回家，就沿着他平时上下班的必经之路去找他。这是一条崎岖不平的小路，也没有路灯，平时她是不敢一个人走在这里的。不过，对丈夫的担心压制住了她内心的恐惧，她深一脚浅一脚地走着。终于在半路上，在手电光的照射下，她找到了倒在路上的丈夫卡洛夫，可是，丈夫已经没有了心跳。

当地警察很快来到现场，把还在哭着的妻子从这个身高 190 多厘米的粗犷大汉身上拉开。死者是面朝下倒在地上的。从深陷在脸部皮肤里面的沙砾看来，死者是先被刺伤，行动受限之后才僵硬地倒在地上的。他身上的刀伤只有一处，也是致命伤。一把狭长的匕首插在他后颈下面。匕首刺入身体很长，割破了锁骨下动脉并继续向下刺入肺部，因此卡洛夫死的时候应该是很痛苦的。不仅如此，匕首不仅仅是刺入身体就结束，从伤口外观来看，凶手还曾向下用力切割，导致创口比匕首的宽度要长。

至于凶手，还是很好找的。因为本镇人口很少，能和卡洛夫这种正直的人产生冲突的，就只有那些游手好闲的小混混了。再考虑到卡洛夫前几天刚刚教训过一个三个人组成的小混混团体，警方很快就把这三个主要嫌疑人拘捕起来。这三个混混见了警察还是摇头晃脑的，一看就不是善类。有趣的是，其中一个最矮的，仅有 180 厘米左右的青年却好像是这三个人中的头目。另外两个高大的青年对他总是低眉顺眼、唯命是从的样子。由于卡洛夫的死，警方没有对这三个人客气，威逼利诱之后，这两个“部下”中肤色较深的那个在“矮人老大”的示意下很快承认是他杀了卡洛夫。

不过警长看了看这个身高近 2 米的大个子，说：“不是你。”

警长为什么会这么说呢？

事实上，从刀伤可以看出凶手的身高。刀是由上斜向下刺入身体的。当凶手的身高比死者高的时候，由于肢体角度的原因，匕首受力方向就只有刺入的方向，因此伤口应该与匕首的宽度相当；但实际上刀伤比匕首宽度要宽，且有向下切割的迹象，从此可以利用归纳推理得出，匕首的受力方向除了刺入的方向之外，还有一个向下的拉力。把向下的拉力与人体的结构结合起来继续归纳，可以得出凶手的身高应低于死者的结论。因此，高个子青年不是凶手，最大的嫌疑人是“矮人老大”。

现代公寓杀人事件

老汉克今年58岁，体格健壮，在公司里是说一不二的实权派人物。他行事独断专行，公司内外对他恨得咬牙切齿的人不在少数。因此，当他们知道老汉克前一天夜里在公寓里毙命的时候，很多人一点都不感到惋惜。

正因如此，警方认为该案件存在他杀的可能性，尽管从现场来看，并没有明显的线索指向他杀。老汉克的公寓是一所现代化的公寓，各种家具都是用新材料制成，不仅安全防火，而且无毒无污染，坚固耐用。事实上，老汉克就死在床上；家用电器也都是智能型的，不仅可以预约定时，甚至还可以使用电脑进行控制，无须走到跟前操作。也就是说，老汉克的生活起居，除了没有达到饭来张口、衣来伸手的程度之外，真的没什么需要他劳神费力的。这就不难理解，他为什么会把那些旺盛的精力都投入在工作中了。

不过，警方后面在老汉克的私人医生处了解到：这个让人反感的工作狂，他的身体状况其实并不像表面上看起来那样好。尽管老汉克看起来四肢发达，但是他的心脏却一直孱弱多病。很难理解？不过事实就是这样。老天给了你一些优势，就必然会在另外一些地方找回去，不是吗？验尸官的证词也证实了这位医生的话，看来，老汉克这次正是死于心脏病突发。

调查进行到这里，案情似乎已经相当明了。心脏一直不堪肢体重负的老汉克死在自己健康的"短板"上。尽管他的住处很高科技、舒适便利，但仍然无法挽回他的生命。可是，警探心头就是有一种挥之不去的疑惑，尽管他也说不清为什么，毕竟现场没有任何其他人曾经进入的痕迹，老汉克身上也没有外伤被发现。

你能告诉警探他为什么会对案情有所怀疑吗？

心脏病发病是需要有诱因的。这诱因可能是来自神经、运动、循环系统的刺激，比如疼痛、压迫、血压升高等。既然在老汉克身上没有发现外伤，那么在这些材料的基础上，运用归纳推理，得出诱发心脏病的外因很可能是神经和循环系统的紊乱。而能够引发这种紊乱产生的，环境温度是其中一个因素。因此，很可能是这间屋子的温度突然发生了改变，才让老汉克心脏病突发而死的。而能够改变屋子温度的工具是空调，空调又可以通过电脑进行远程控制，这就提示了凶手在住所以外，通过网络操纵老汉克住所的空调来达到杀人目的的可能性。

风往哪边吹?

侦探朋克追逐罪犯来到一座小岛上。但他赶到的时候，罪犯已经乘自制的帆船离开。朋克虽然知道这里每隔几天就会起风，且这些风的方向是固定的，但由于这天风停了，他不知道如何判断风向。“必须要知道风向才能判断罪犯的航线，否则就真是大海捞针了”，朋克想道。

就在这时，他注意到岛上有海鸥的脚印。从脚印的延伸方向来看，很多脚印都指向同一个方向。于是，他找到了风来的方向。

从海鸥的脚印上可以看出风向吗?

这里可以用归纳推理来分析。海鸥是群体性动物，它们迁徙都有着整体性。而地面上的脚印刚好也具有某种程度的整体性，因此推断海鸥在迁徙中，向脚印延伸的方向起飞。而且禽鸟很聪明，已经适应了海上的气流。他们起飞都是迎风起飞，这样可以让身体迅速升高。分析到此，朋克已经知道了风向。

汽车爆炸事件

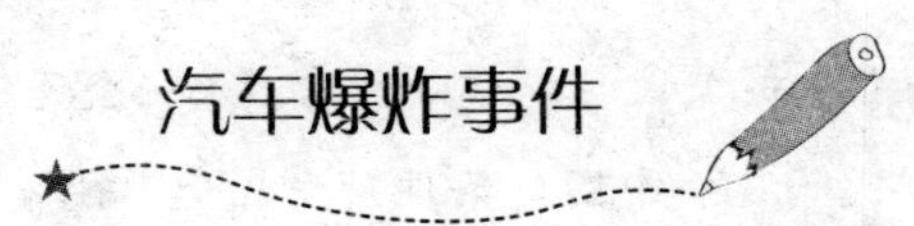

博基公司董事长皮丘启动汽车，没开出多远，就收到了一条信息："有人在你的车上装了炸弹。一旦车子停下来，炸弹就会爆炸。"报信人并不希望皮丘死，因此告诫他一定不要停车。

皮丘很慌张，他先是打电话给警局，让警察帮忙解救，之后又赶忙打电话给老朋友——大侦探霍夫斯基。

霍夫斯基先是安慰了皮丘一番，然后向他确认，无论采用怎样的方式驾驶，只要不停车，炸弹就真的不会爆炸？这点得到了皮丘的肯定，当然，他也是重复报信人的说辞。

"这样啊，那我知道是怎么回事了。没关系，你放心停车吧。炸弹不会爆炸的。但是注意，可以刹车，却不能熄火，发动机一定不能停转。"霍夫斯基告诉皮丘说。

"真的吗？你可得说准了啊，不然死的可是我了！"皮丘有些不相信。

"放心吧，你还不相信我？"霍夫斯基给他打气。

于是，皮丘连续做了三遍祈祷，刹住汽车，打开车门，飞似的逃开了。炸弹果然没有爆炸。

霍夫斯基是怎么知道车是可以停下的呢？

答案

从报信人的叙述可以得知，这不是一个遥控炸弹，也不是定时炸弹，而是一个固定条件触发炸弹。想不引爆这颗炸弹，就要先弄清楚它的引爆条件是什么。既然不停车就一定不会爆炸，那么也就是说车行驶时所存在的各种物理要素是保证炸弹不爆炸的因素，一旦停车，某种物理要素不复存在了，炸弹就会爆炸。归纳一下车行驶时存在的物理要素——运动和振动。但报信人又说无论怎样运动都不会引爆，也就是说运动不是引爆因素，那么引爆因素就是振动了，或者，严格地说，是振动停止。发动机工作的时候，车身总会有振动，只是大小的区别，但发动机一旦停转，振动就会停止。知道了这一点之后，霍夫斯基就让皮丘不关发动机刹车，这样就保证了他的安全。

聪明的拆弹专家

奥斯丁是警方在恐怖组织的卧底。他加入组织已经半年了，按

照组织的规矩，半年后新人要接一次大型任务，也就是一次考验。如果这次考验通过，那么他就会被升级为可以知密近密的核心成员。

奥斯丁接到的任务是领事馆爆炸。工具已经给他准备好了，是一部定时炸弹。他和负责监督他的老成员，将在适当的地点安置这颗炸弹，然后再输入即时生效的时间指令。炸弹上有 0 ~ 9 的数字键盘，可以设定在 24 小时之内的任何时间爆炸，一旦时间命令输入，将无法取消。

到达预定地点之后，放风的老成员远远地看着奥斯丁输入了一串数字之后就满意地离开了。这样一来奥斯丁就通过了考验；但与此同时，奥斯丁也没让炸弹爆炸，他是怎么做到的呢?

我们掌握了两条信息。一条是炸弹只能设置在 24 小时之内爆炸；另一条是输入时间的指令是用 0 ~ 9 的数字键盘。从此可以归纳得出，奥斯丁只要输入超出 24 小时范围的时间指令，炸弹就不会爆炸了。老成员只是看他输入了一串数字，但具体时间没有确认，这就给了奥斯丁借口——炸弹坏了。

主人的问题

朗姆刚调到紫檀花社区当警察。这天晚上他出来巡逻，发现一个男子正在摸黑走向一处宅院。出于谨慎和热心的性格，他过去询问男子是否需要帮助。

男子见是社区警察，就笑呵呵地说不用了。这该死的庭院灯，本来他昨天就打算修理来着，谁知天公不作美，居然下了一整天的雨。而今天他又出门有事，所以只能摸黑进来了。

前一天这里确实下过雨，朗姆听到男子这样的说法，已经认定他就是宅院的主人了。可是，这时宅院深处跑出一条狗，向朗姆和男子吠叫起来。男子随口训斥道："恩蒂，不许叫。"狗就不叫了，跑到一边树下，向树根处撒尿。

刚想转身离去的朗姆看到这一幕，心中又泛起了疑云。引起朗姆怀疑的是什么呢？

狗的名字是恩蒂，是女性化的名字。但向树根撒尿的行为

是公狗的特征。从这些信息出发，朗姆归纳出男子可能并不知道狗的性别的结论，从而又怀疑男子作为这处宅院主人，其身份的真实性。

真信还是假信?

沙皇末期，革命的火种已经传遍了整个俄国大陆。从摩尔曼斯克附近的库仑镇，发出了一封信。这封信是布尔什维克高层向下属分支下达的集合命令，前面先是讲述了高层的处境：被沙皇势力围堵，退缩到一处废弃多年的伐木场。因为害怕被发现，高层甚至不敢生火，于是向各大分支求援，让他们火速带人前去解救。

俄国的隆冬，如果不能生火，那简直就是要命的，一刻也不能停留。更何况在那种自然条件下，食物也极度匮乏。如果去晚了，高层就算不被沙皇势力抓到，也会饿死在伐木场里。

联络站的穆奇卡夫一边抄写着这封盖着高层印鉴的书信，一边思前想后。屋子里灯光昏暗，如果不是原信件写得很清晰，他甚至会看不清上面的字迹。看来，高层随身带的墨水就是不一样，毕竟是要下达命令、签署协议什么用的，穆奇卡夫想到。

这时，革命队伍中的侦查队——“鹰眼”刚好造访。穆奇卡夫就把信件给侦查队看了。侦查队经过一番推理，得出了信件是假的这样的结论，对革命队伍来说，这是敌人的一起伪造命令案。他们是怎么得出这个结论的呢？

答案

如果高层在冬天的俄罗斯，一处不能生火的伐木场来书写信件的话，以当时的天气，钢笔笔尖会不断地结冰。就算用嘴不断对笔尖呵气，使信件得以写完，从当时的各种条件归纳推理，信件上也不可能有如此流畅清晰的笔迹。因此，命令很可能是伪造的。

瑜伽密室杀人事件

一个欧洲贵族深感印度文化的神秘，到印度中部学习瑜伽。经过一段时间的学习，他越发喜欢这门古老的运动，因此就直接定居在这里了。

贵族买下的房子，连他自己都不知道是什么时期，出于什么目的兴建的。不过他把一座独立的大房子辟为他的练功房。在这里，他经常痴迷得一待就是一个星期，专心致志地研修他的瑜伽功夫。在这种时候，他的印度仆人们是绝对不可以去打扰他的，他曾开除过好几个违反禁令的仆人。因此，这次他在练功房里连续待了两个星期没有出来，才有人敢小心翼翼地去查看房子里的情况。他们透过门上面的窗子看到贵族躺在床上，无论他们怎么喊都一丝不动，就赶忙报了警。

警方来到房间里后，发现这是一间空旷而高大的房子，15 米高的屋顶上开了一个一米见方的气窗。但是，气窗是被拇指粗细的铁条封住的，中间不到 10 厘米的空隙也无法让人通过。而大门也是从里面反锁着的。也就是说，这又是一起密室死亡事件。而且，贵族没有理由在这里采用这种方式自杀，因此，只需判断这是一起意外事故，还是杀人事件就可以了。

从法医的证词来看，贵族是饥渴而死。换句话说，就是饿死、渴死的。但是，屋子里的冷柜里有食品，也有饮料，贵族为什么没有去吃，没有去喝呢？是他不愿意，还是做不到呢？警方勘查了现场，发现了一个情况但无法解释：沉重的床铺有移动过的迹象，但是这并不是瘦弱的贵族一个人能够做到的。难道说屋子里曾经有过别人，并和贵族搏斗过，才导致床铺移位？但是，那人又是怎么进来的呢？

可以借助归纳推理的分解法来分析这件案子。床被移动了，证明除贵族之外有人搬动了床。既然外人无法进入密室，那么就只有借助工具一条途径。而房间唯一与外界直接连通的就是气窗，所以，工具从气窗进入的可能性是最大的。警方登上屋顶，在屋顶发现了新近留下的痕迹，从铁杆上提取到仆人的指纹，最终审问出仆人们见财起意，用数根绳索吊起床铺，把贵族吊到接近屋顶的位置并锁牢，直到两周后贵族饿死。

火中的恶魔

舰船街一户人家发生了严重的火灾。消防人员奋力扑灭大火后，在现场发现了烧焦的尸体，就把火灾事故转给了警察局处理。

警局派探长到现场勘查。因为火灾把现场破坏得一塌糊涂，所以很难查出什么来。不过至少可以确认死者是一名男性。通过进一步调查证实，该死者正是这栋房子的主人希恩。从尸体蜷缩的形态来看，希恩很可能是先被杀死，之后才被焚尸灭迹的。那么，是谁和他结下如此的深仇大恨，不仅杀了他，而且连尸体都不放过呢？警方进入了紧张的调查当中。

一个下属警员在按例询问一位邻居的时候，他们家的女儿跑出来，瑟缩发抖着对警员说："你是警察吧？警察叔叔，我好害怕，有魔鬼要吃我。"警员不以为意，想哄哄她让她走开，但小孩不依不饶：

“真的，就是从隔壁那一家中跑出来的，你快去那家把魔鬼抓住吧，我好害怕啊。”

这句话引起了警员的注意，从那家跑出来的“魔鬼”，会不会就是凶手呢？他耐心地询问小孩具体的情况。原来，在那家着起火来的时候，小女孩就看见了所谓的魔鬼。她房间的窗子刚好与失火那一家的窗子相对，难不成凶手是从窗户出来的？不过听到小女孩补充道：“那魔鬼还会动，一会变大一会变小的。”警员大致知道是怎么回事了。不过很奇怪，刚才在那家怎么没见到这个“恶魔”呢？

这么说，警员已经知道这恶魔是什么了，你知道吗？

恶魔不断变化是因为火光的忽大忽小，而恶魔之所以在着火的时候存在而现在已经不存在，就是因为已经被烧毁了。能够有这样结果的，就只有恶魔的塑料模型。根据孩子的描述，警官去附近查询有谁买过这种恶魔模型，结果找到了凶手，模型是他带来作为礼物送给被害人的。

窃贼比赛

小孩子喜欢玩具盖楼。比利兄弟也是如此，即便是在他们已经长大成人以后。或者，准确来讲，是在他们长大成“贼”以后。

这点信息是警方从比利兄弟曾经的监护人——史密斯老先生处得知的。并且，他们似乎有用搭积木决胜负——谁搭得快，谁就得到最值钱的赃物的习惯。于是，当警方在克林家的被窃现场发现一堆散落在地的积木以及同一个沙漏曾经被分别放在窗台和壁炉上面的痕迹的时候，他们就知道，比利兄弟又出来作案了。一定是他们又用玩具盖楼比赛决定，谁在规定时间里盖得多，谁就拥有最值钱的东西。

但这两兄弟都是来无影去无踪的类型，要不然警方也不至于让他们俩一直逍遥法外。最要命的是，他们俩并不住在一起，平时各自活动，有了目标才汇合。这次他们刚刚偷盗完，等到下一次汇合还不一定要什么时候。既然如此，警方就需要确定最昂贵的失窃物到底是在哥哥手里，还是在弟弟手里。

就搭积木盖楼的比赛来说，根据惯例，一般都是哥哥先搭，然后是弟弟搭。这一次，窗台刚刚油漆过，而壁炉又印上了原本不在那里的圆形油漆印记。正是从这条线索，警方得到了兄弟俩曾经用沙漏来计时的结论。但是，兄弟俩搭积木的水平平分秋色，真的能够判断出这次谁胜出，并拿走了最值钱的物品吗？

这是一个归纳推理的问题。两兄弟比试，所不同的仅仅是沙漏的位置。由于壁炉上留下的沙漏印记沾有油漆，因此，沙漏是先被放在窗台上，之后被放到壁炉上计时的。再联系到比赛中两兄弟的先后顺序，可以得知，哥哥比赛时沙漏放在窗台上，弟弟比赛时沙漏放在壁炉上。沙漏遇热会膨胀，这会导致计时也加快，再考虑到两兄弟经常是平分秋色的，因此沙漏状态的不同会对胜负有决定性的影响。也就是说，把沙漏放在壁炉上的弟弟，由于计时加快，成绩会逊于哥哥。因此哥哥更可能赢，最值钱的物品在哥哥那里。

诺克公司的玻璃

诺克公司推出了一批防弹玻璃。这种玻璃即便是在有损伤的情况下也能继续防弹，只要损伤处不再被子弹击中。如果真的是击中了损

伤处，那么不需要那么大的力道就可以把玻璃击碎。

这批玻璃首先被应用在一次珠宝展上，诺克公司作为珠宝展的赞助商，准备趁此机会大力为他们的玻璃造势。谁知，第一轮展示刚结束的晚上，诺克的玻璃墙就被打破，珠宝也被洗劫一空。

诺克公司对此表示非常诧异，就算第一批玻璃的良品率低，玻璃出厂时就存在损伤，但是每块玻璃上的损伤都是用肉眼检查不出来的，否则也不会被允许出厂。盗贼怎么击碎的玻璃墙呢？就连诺克公司派来的专家杰森也表示不解。

当然，更令杰森不解的是，警方上来就拘捕了他。这是为什么呢？

警方经过归纳推理得出该名专家是罪犯同伙的结论。这是因为首先这批玻璃的出厂损伤并非简单就能找出来的。也就是说，只有专家级别的人才能找出缺陷。罪犯能够很快打碎玻璃墙，就证明他们有专家帮助。但这批玻璃是刚下线的新产品，外界的专家也不能很快找到，因此诺克自己的专家的嫌疑就最大了。

让苹果作证

朱莉娅被老板带去舞厅见客户，她的丈夫十分不放心。他左等右等，妻子也不回来，就叫上警察到歌舞厅找朱莉娅。到了歌舞厅，他们得知朱莉娅已经被老板带到楼上房间了。于是他们赶紧来到房间外面，破门而入。他们进到里屋，发现朱莉娅和老板紧张地站在床边，床头柜上放着两个各咬了一口的果肉鲜嫩的苹果。

老板一看朱莉娅的丈夫带警察来，也慌了，赶紧解释说他们也是刚进来，就是谈谈工作。这不，两人边吃苹果边谈，苹果才咬了一口。

但这时朱莉娅突然不依不饶，说他们进来很久了，刚开始是吃苹果来着，谁知刚吃了一口老板就拿掉手中的苹果开始非礼她。她越说越伤心，哭了起来。

面对这种情况，警察应该做何判断呢?

这是一个归纳推理的案例。苹果的果肉暴露在空气中，颜色很快会加深。人们看到苹果果肉的颜色是鲜嫩的，因此，确实是刚刚咬的。也就是说，老板的说法要比朱莉娅的说法可信。

Part 2 联言推理：不钻牛角尖解决问题

植物的生长需要阳光和水，所以植物的生长既需要阳光，也需要水。打仗需要的不是人多而是精锐的士兵，所以打仗靠的是精锐的士兵。

上面就是两种典型的“联言推理”。联言推理有两种形式，一种是合成式，结论是两个判断的联言判断，一种是分解式，结论是一个联言判断的一支。掌握联言判断的关键在于分析文字或语言里面的结构，小朋友通过联系联言推理，会锻炼语言表达和沟通能力。便能够抓住别人语言中的漏洞，来破解别人心中的秘密。

运气差的警察

一天中午，格尔当班的时候，附近发生了抢劫案。对方在商行抢到财物后，就开车逃跑了。刚好格尔午休，徒步出来吃东西，因此并没有开车。他四处望了望，只有前面街角那里停着一辆空货车，他就赶忙上去紧急征用了这辆车，开车追赶劫匪。

对方也发觉后面有人在追赶他。不过，他瞄了瞄格尔开的货车，心里得意起来。之后，劫匪开始往小巷里开，那里错综复杂的环境让格尔的大货车险象环生，使他手忙脚乱。格尔原以为路况会逐渐好转。谁知道，很快前方又出现了一座横向的公路桥，桥旁有明显的限高标志，而他的大货车应该过不去。

对方的小汽车一下子就通过了这里，格尔则在桥旁停下车，目测了一下货车能否通过。他看货车上沿要比桥的下沿高 2 厘米，但就这 2 厘米让他与对方越隔越远。那么，他就无法继续追下去了吗？显然，凭这辆货车，是撞不塌公路桥的。

生活中我们处理很多事务的时候，都不知不觉地应用了某

些推理术。这个故事就是一个例子。理论上，让车辆通过有高度限制的空间，有两种方式。一种是拆除限制，一种是改变车辆自身的高度。有些人会钻牛角尖只是想到排除障碍，但如果恰当地运用联言推理，就可以想到去适应环境而不是改变条件这样的办法。格尔迅速使用车上的工具适当给轮胎放了气，使货车的高度降低，通过了公路桥。

沙漠凶器之谜

两个互为情敌的男人，为了他们喜欢的女人，报名参加了同一个沙漠探险队。也许是上帝在和他们开玩笑，他们居然迷路了。经过一周紧张的探索，他们终于发现了正确的方向，本打算第二天利用剩下的水和食物撑一下，沿着正确的路径回去。

但第二天一早，他们却发现，这两个情敌中，有一个人居然死掉了，死因大致可以判断为后脑受到硬物的重击，因此，明显是人为的，而不是被沙漠生物所伤。既然如此，他的情敌就自然成了最大的嫌疑犯，而且他无法证明自己不曾杀害死者。

但是，作为凶器的硬物在周围环境中无法找到。凶手又不可能把随身携带的硬物扔出太远，因为这里的夜晚不仅寒冷刺骨，而且伸手不见五指，根本无法分辨方向，就算有火把都无法走远。

有人提出凶手可能利用了冰，这倒是有可能。因为这里夜晚连续数小时零下十几摄氏度的气温，确实可以把水冻成各种形状的冰，这种凶器在天亮以后气温升高的情况下又会自然解冻成为水，这样就不会被发现了。

但有一个问题让他们否定了这种可能性。因为，就算是把探险队里所有人的水集合起来，都很难满足这个凶器在体积上的需要。更不用说这个人一定是单独行动，他的水怎么可能够冻成那么大体积的凶器呢？

因此，人们不得不排除了情敌的嫌疑。然而，凶手是谁，凶器又是什么？

我们在这里用联言推理的方式来正确地解答这个问题。人们犯了一个错误，那就是他们认为所谓凶器一定是独立的事物，或者说纯粹的事物，因此他们最多只想到了能够冻结的水。但实际上，除了独立的事物之外，凶器还可以是由不同事物组成的。其实，凶手是在晚间用水作黏着剂把沙子冻结在一起，作为凶器杀了情敌。这样既能用少量的水就达到目的，又可以在气温稍微升高的情况下就能够迅速解冻，毁灭证据。

怕死的高龄寡妇

安娜夫人是一个富有的寡妇。她虽然已经70岁高龄，但是无儿无女，只有一个侄子住在她家里照顾她。不过，她对这个侄子并不喜欢，也不放心。她总是怀疑侄子想要害死她，然后继承她的财产。因此，她专门请了仆人和医生照顾她的起居和健康，侄儿只负责帮忙测体温、量血压什么的。

她把这件事告诉给邻居鲍尔。鲍尔并不相信，劝她别多想。不过很快，事实证明安娜并非杞人忧天。因为她被证明因慢性中毒而死。鲍尔认为事态严重，就把前因后果都告诉了社区警察。警局很快拘捕了安娜的侄子，并在安娜的住所展开调查。

警察们根据常识调查了安娜饮食起居所用到的器皿以及各种食物，但都没有什么发现。很显然，凶手已经毁灭了证据。警方把重点放在了侄儿能接触到的体温计和血压计上，但都没有什么收获。案情陷入僵局。警方为此请教了侦探雷克。雷克让警方注意被害人身上的三处地方，警方照做后，果然发现了凶手下毒的方式。

雷克让警方注意哪三个地方呢？

是口唇、腋下和肛门处。也就是测量体温的三个常用位置。雷克使用了联言推理中的分解法。下毒可以分成体内下毒和体外下毒。警方只注意了体内下毒的方式，但是当他们在被害人的腋下发现与体内相同成分的毒素，腋下的淋巴结也异常肿大，就确定了凶手是通过在体温计上涂毒，并且通过腋下皮肤与体温计的接触来杀害被害人的。

被“意外”毒死的助手

梅琳是伊利诺伊州治安官的得力助手。她经常帮治安官处理一些棘手但又不好直接出面的事情，因此涉及了一些见不得光的东西。不过这段日子，这已经不再对她产生困扰了。因为她已经正式向治安官递交了辞呈，并且得到了治安官的批准。她看着治安官的下一任助手带着满腔的热情成为治安官的下一颗子弹，不禁摇了摇头。在彻底回家相夫教子之前，梅琳计划做一次全美大旅行。通过这次旅行，她希望能够忘记之前发生的一切，让自然的力量将她不安的内心安抚下来，让她重归正常的生活。事实上，她做到了。半年后，她再次回到州首府斯普林菲尔德。下了飞机，她发现她的继任，也就是那位新助手居然热情洋溢地等着她的归来。爽快地坐上来接她的车，应邀来见她的前老板。梅琳的心情很好，以至于治安官在开会，她需要在会客室等待一会儿的事，她都没有在乎。

梅琳摇晃着手里的杯子。她虽然不是很喜欢喝红酒，不过这里除了红酒就只有威士忌，所以侍者给她倒上酒的时候，她也没有拒绝。也许治安官马上就来了，聊聊就走了呢。她放下杯子，无聊地拿了本书看。一个小时后，治安官终于来了。对她表达了诚恳的歉意之后，治安官把梅琳的杯子递给她，自己则倒了一杯威士忌，开心地和梅琳边喝边聊。但梅琳很快觉得呼吸吃力，眼睛也有些睁不开。当治安官叫来医护人员的时候，梅琳已经人事不省了。

警方到场后，在梅琳的杯中检测到毒物反应，并在红酒酒瓶中找到了部分透明胶囊。看来，凶手是把胶囊放在酒瓶中，胶囊溶解后，毒物散出，毒害了梅琳。而根据警方后期测试，这种胶囊需要 10 分钟左右才能溶解破裂。因此，下毒的时间应该是治安官来这里之后。

但治安官说，他放进梅琳酒杯中的只是腹泻药，他想让梅琳出丑，但并没有下毒。

凶手是不是治安官呢?

除了治安官之外，还有人可以是凶手。按照联言推理，毒物可以是在胶囊中，也可以是本来就在酒中。对后一种情况的

解释是，除了毒物的溶解时间之外，还需要考虑毒物的作用时间。一般毒物要经过肝肾代谢之后无法解毒才能产生效果。因此，也有可能是瓶中本就被下了毒，也就是侍者也可能是凶手。

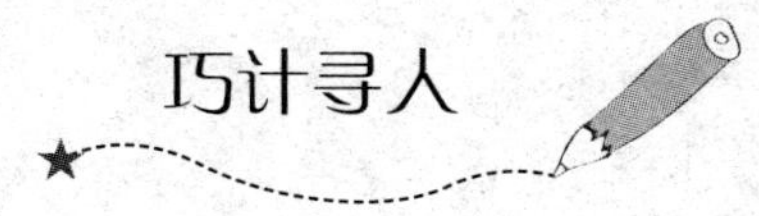

巧计寻人

一个年轻人跌跌撞撞地跑进镇警局，向警察报告一个紧急事件：早上，他开业的时候还很困，不在状态。刚好听见有顾客要取暖炉用的白灯油。于是他就拿给了客人。谁知道当他清醒过来之后发现，原来他不小心把汽油当作白灯油卖给了客人。而汽油用于取暖炉会导致严重的爆炸，可能会造成重大伤亡，因此他赶忙找到警局，希望警察帮忙找到那位顾客。

警察不敢怠慢，发动全体警员全城打听，看有没有人看到早上在附近拎一小桶油经过的人，但是毫无收获。时间一分一秒地过去，危险也一点一点地攥紧了人们的心。警察很纳闷：他们在镇中心的广播室已经发布了一整天的广播，让早上买灯油的人赶紧去免费换真正的灯油，商店会退还全部货款。但一天过去了，那位顾客还是没有出现。警察确定小镇的广播系统可以覆盖所有居民区，且早上来的客人明明就是本地人。因为没有外地人会一大早出现在这座小镇。

那么，为什么这个顾客还是不出现呢？他到底是谁？怎样才能找到他？

答案

这个案例，我们还是要按照联言推理的思路来解决。客人没有去换油，要么是没有听到广播，要么就是听到了却无法过来。基于第一种可能性，由于广播已经覆盖了所有的居民区，也就是说声音传播过程的三要素中，声源和传声介质都没有问题，就只有接受声音的环节出了问题，换言之，这个人可能是个聋子，或者至少听力很差；基于第二种可能性，这个人可能在回去之后突然遭遇了变故，或发生了意外导致他不能前去商店。于是，警察在小镇上专门排查听力障碍者和当天受伤的人，终于找到了买油的人。

机智的卧底

张朗朗进入一家庞大的走私集团做卧底，经过几年的努力，终

于接触到了核心层。不过，自从他进入核心层之后，就一直处于高度的监视之下，这使他无法向组织传递信息。为此，组织上也在严密地监视着他，一方面是出于保护的目的，另一方面也在观察张朗朗是否已经被走私集团同化。

这次，组织上的监控人员了解到张朗朗和众集团首脑要到一个靶场练枪，就跟过去了解情况。张朗朗根本没有按照预定的计划发出任何暗号，也从不单独出现在任何环境之下，这明显是不想给外人接近他的机会。而且，张朗朗似乎更加飞扬跋扈，连打靶的时候都要靶场经理亲自为他换新靶，且他打的靶，别人绝对不可以再打。靶场经理苦着一张脸为张朗朗服务的样子，逗得走私集团首脑摇头大笑。不过这次，神枪手张朗朗确实发挥不好，十张靶打得乱七八糟，几环都有。他一口气打完十轮，就气呼呼地找人喝酒去了。

组织上安排在靶场的人后来按照计划，把发生的事情报告给上级。组织上通过张朗朗这次打靶，获悉了走私集团最关键的信息，终于把走私集团一网打尽了。

可是从始至终，张朗朗都没有和接头人说一句话，甚至都没有单独行动过。他是怎么传递信息的呢？

这个案例中，联言推理又要大显神威了。从结果上来看，张朗朗确实传递了信息给组织。而信息的形式有多种。可以是声音形式，也可以是视觉形式的。视觉形式上，又可以有文字形式的，图形化的，乃至于实体形象化的。在本例中，张朗朗的声音没有特别之处，也没有写过什么，画过什么，但是他在打靶的过程中，使子弹在靶标上留下特定形式的弹孔组合，并通过十个靶标的弹孔组合表达了足够的信息。组织在对张朗朗足够信任的基础上，按照上面的思路推断出张朗朗的信息存在于靶标之上。当走私集团的人走后，他们拿到张朗朗的靶标，读出了信息。

作案时间的推算

麦恩的家被盗了。

事情是这样的：星期五的晚上，麦恩下班回家，打算换衣服去参加聚会。可是由于本区电力检修导致停电，他只能点蜡烛照明。一支蜡烛明显是不够的，他想多点几支，但却发现家中只有两支虽然长短一致，却粗细不一的蜡烛了。其中一支标注的是可以燃烧 6 小时，另外一支则标注的是可以燃烧 4 小时。后来，他换完衣服就接到了朋友的电话，走得匆忙就没有吹熄蜡烛。麦恩回家的时候，已经喝了很多酒，什么都没管，倒在床上就睡着了，到第二天中午才醒来。因此，当他发现家中被盗并报警的时候，自己也说不清，盗窃案是在他回来之前发生的，还是他回来之后发生的。

如果能够精确地推算出作案时间，警方就可以更快地找到目击者，更容易地找出窃贼。探长看到两支没有燃尽的蜡烛，其中一支的长度刚好是另一支的两倍。他计算了一下，知道了大概的案发时间。

那么，他是怎么计算出来的呢？

很显然，蜡烛既然不是麦恩吹熄的，那就一定是贼人吹熄的。根据联言推理的思路，贼人吹熄蜡烛的原因可能是怕外面的人看到自己的样子，也可能是不经意间做出的决定，但总之都是在案发期间吹熄的蜡烛。剩下的就是数学推算，探长计算出，燃烧3小时后，粗细相同的蜡烛的长度比刚好为二比一，就得出案发时间是在麦恩到家后3小时左右这样的结论。

上下飞弹

运动员哈龙在住所被枪杀。警方根据弹道学推算出，枪手是在屋顶透过天窗开的枪。但法医却得出了“相反”的结论。他说子弹是从死者腹部射入，击穿身体，并从锁骨处射出的。

你能告诉相持的双方，谁的结论才是正确的吗？

其实他们的结论都是对的。这个案例可以用联言推理的方式来分析，而医警双方都没有按照正规的联言推理思路来分析。一个人在室内静止的方式，可以是站立，也可以是躺卧，甚至还可以是倒立着的。其实，当时哈龙在倒立练习平衡能力，凶手才能够从天窗射出对于哈龙来说是从下往上运动的子弹。

谁杀了局长

曹局长被怀疑参与了一起重大的舞弊案件，并收受了巨额的贿赂。这些罪名如果全部成立，他将面临十几年的铁窗生涯。而人们更相信，通过对曹局长的调查，警方完全可能掌握他本人，乃至于他所属利益集团更多的犯罪资料。而这些资料所产生的效用，甚至可以引发该系统的一次大换血。

但就在人们擦亮了眼睛等待结果的时候，曹局长却被杀了。当然，这还不能完全确定。事实上，警方发现曹局长从一栋12层高的居民楼楼顶坠落了下来，造成他身体各部严重损伤，导致了死亡。但在此之前，他已经遭到了枪击。只是这枪伤并不致命，仅仅是打碎了他的肩胛骨。看来，是有人追杀曹局长，枪杀不成，又把他推下了高楼。

警方在楼下看完坠楼现场，又登上12楼的楼顶。警方能确定的就是，这里比对面的楼要高2层左右。不过从现场分析，警方并不认为曹局长会自己跳下去。因为对面的那栋楼和这栋居民楼离得太近了，如果在这里主动跳楼，力气小了，在下坠的过程中可能会被本栋楼绊到；力气大了，倒是有可能中途就撞上对面的楼。在最终摔死之前遭遇数次皮肉之苦，这应该是任何人都不愿意遇到的情形。因此，可以肯定是有人在后面追杀曹局长了。

但问题是，附近新建的高层公寓里，当时位置更高的几个目击者都称他们只看到曹局长一个人在楼顶上跑，并没有发现有人追杀他。那么，那人是怎么让曹局长掉下楼的呢？

这又是一个联言推理的案例。首先，我们知道有人在拿枪追杀曹局长，而曹局长为了躲避子弹而在楼顶疯跑。根据联言推理，拿枪的人根据武器射程的不同，既可以近距离追杀，也可以远距离追杀。在这个案例中，一方面曹局长确实被追杀，另一方面高层公寓的人只看到楼顶上有曹局长，却没见到有人追杀他，因此杀手使用的是远程武器。曹局长也不是自愿跳下去的，而是本来想要跳到对面的楼顶，却不料在助跑阶段被子弹打中，阻碍了他的运动，结果掉了下去。

没拿刀的人

威客警长因为海滩凶杀案来到宾尼海滩。在这里，他锁定了三个嫌疑人。因为死者身上的致命伤是刀伤，因此威客警长对三人进行了搜查，结果发现有两个人身上携带了刀具，且其中一个人的刀上检测到了鲁米诺反应，也就是血红蛋白残留。

但这个人坚称，这把刀上存在的血液成分，是一段日子之前，他去山林探险时和野兽搏斗时留下的。至于另一个人，他只解释带刀过来是用来防身的，但并不承认杀人。威客根据鲁米诺反应的问题拘捕了第一个人。

他的决定对吗?

答案

他的决定显然是错误的。因为他忽视了正规的联言推理。按照联言推理，杀人犯杀人后，凶器既可能在身上，也可能不在身上。刀具上有鲁米诺反应的人当然有嫌疑，但是没有被发现持有刀具的人也并不能因此而被解除嫌疑。

电话留下的证据

1980年的一天早上，画家凡尔桑的前妻被发现死在了家中，而刚巧前晚有人看见凡尔桑去过案发现场，因此，画家被带往警局协助调查，陪同画家前去的还有他的一个女助手。不过凡尔桑说，他是9点离开前妻的住所，当他11点想给前妻打电话说晚安的时候，前妻还在通话。

这一点被画家住的旅馆所证实。旅馆总机在拨叫画家前妻的电话时，确实处于占线的状态。因此，他们能为画家作证当时被害人还没有死。警方觉得坐在警局里是没有办法破案的，就来到了这家旅馆。

旅馆外面有很多商铺，烟尘很大，警员们还看到居然有人在烟尘这么大的街道上看报纸、喝咖啡。街头的付费电话旁，很多人在这里买吃穿用品和书籍。据服务台的工作人员说，画家的助手就是在这些商铺给画家买食品的。

调查过后，事实证明，警方的工夫没有白费，这趟旅馆之行确实让他们掌握了重要的线索。你知道这线索是什么吗？

答案

画家给前妻打电话占线，可能存在两种情况。一种是电话确实拨通了，双方在讲电话；另一种就是在画家拨电话之前，另一通电话正在拨叫但没有接通。但是后一种情况出现的可能性要小很多，所以旅馆总机想当然地把这种可能性忽略掉了。调查发现，原来在画家拨电话之前，女助手在街上用付费电话拨叫了被害人的电话，通过这种方式造成了目标电话的占线。

虚名富翁被杀事件

应该说，卡米曾是一位集万千瞩目于一身的成功人士。他不仅生得一副俊俏的面容，还有着挺拔的身材，还在去年娶了社区里的头号淑女凯洛特，引来不少人的羡慕。不仅如此，人们还盛传他接受了远方一个富翁亲戚的遗产，得到了数千万美元的飞来横财。一个 20 岁的毛头小伙，一下子钱财美人一样不少，更是让人分外眼红。

但就在人们的赞叹刚刚要沉寂下去的时候，一则新闻又引爆了整个社区：卡米死了，被枪杀了。据知情人透露，卡米在自家庭院中被枪杀，妻子凯洛特被打晕，屋子里被翻得底朝天，至于丢失了什么，被救醒后的凯洛特一时之间也说不清。不过，其实他们并没有什么好丢的。那一大笔遗产？纯属虚构！也不知道是谁到处宣传说她丈夫得到了飞来横财，但实际上他根本没有什么富翁亲戚。他们确实得到了一笔馈赠，那也是凯洛特的父母为了帮助这对小夫妻还房贷才给的一小笔钱。难道真的是这笔钱惹出的麻烦？如果真是这样，那凯洛特的父母不知道要多么后悔。自己的好心赞助，却让女儿这么早失去丈夫，失去一个美满的家庭。

应该说，得知卡米的死后，社区里的人们心里都或多或少地松了一口气。有些人甚至在私底下有些暗自庆幸。对这些事实，警方是有所了解的。没办法，这就是人的本性，见不得别人比自己好，特别是那些不劳而获的财富，更是容易招人嫉妒。但是，单凭这一点，就对那些心存嫉妒的人进行调查，把他们视为凶杀案的嫌疑对象？这样是不是太武断了一点？

这个案例有些超越警察办案的常规思路。警方查案一般都是遵循即时性的原则，也就是调查最新的有作案动机的人。但是根据正规的联言推理，作案动机可以有最近的，也可以有很久之前的，只是凶手最近才找到机会。对这个案例，就需要按照正规的联言推理结果，把新仇旧恨都考虑在内进行

分析：警察经过深入了解获知，其实卡米曾经有一个情敌，

疯狂地爱着凯洛特，但由于自身条件不如卡米，没能赢得凯洛特的芳心。这个人应该是当时最恨卡米的。而后续的调查则证实这个人正是枪杀卡米的凶手。他在这一案例中通过制造卡米暴富的流言，创造了众多有作案动机的人，企图瞒天过海。但在警方系统的侦探推理中，还是暴露了。

三厘米的飞跃

警探戈尔带着两名手下追踪逃犯，却被狡猾的逃犯引进一处地窖。逃犯先顺着绳子爬了上去，并且在戈尔他们跟上来之前撤掉了绳子，然后跑掉了。

现在对戈尔他们来说，已经不是能否追到逃犯的问题了，而是他们自己能不能从这个荒无人烟的地区中，三人深的地窖里逃生的问题了。戈尔他们先是按照常识，让个子最强壮也最高的手下站在下面，另外一个先站在他的肩头，而个子最矮、体重也是最轻的戈尔站在最上面搭了一个人梯。但无论三个人如何踮脚努力，戈尔的手指离地窖的上沿最近也有三厘米的距离。

就是这三厘米，困住了三个人。这时的戈尔是多么希望自己能多长高三厘米。他年轻时追女孩，也为身高的问题恼火过一阵子，但和今天的经历比起来，那才真的什么都不是了。但是光恼火也没有用，他们三个人怎样才能在没有任何辅助工具的情况下爬上去呢？你能帮助他们吗？

当然可以。戈尔他们虽然经验丰富，但也正是因为经验丰富而忽视了正规的联言推理。具体情况是这样的：搭建人梯很显然有多种方式，三个人上上下下可以组成多种排列次序。除了金字塔形人梯之外，其他的排列形式虽然没那么稳定，却能提供更长的末端延伸。当个子最高的手下站在最上面的时候，由于人体各部分骨骼的比例是固定的，身长最长的助手他的手臂也会是最长的。他轻松地把手搭在了地窖的上沿，攀了上去，又抛下随身带上去的绳子，把剩下的两个人拉了上去。

绳子去哪里了？

小警察姜狄在分析一起失窃案时犯了难。按照他的推理，窃贼是从顶楼绳降到目标楼层的，然后又从大门离开，之后也一直没有去过顶楼收回绳子。但他却是没有在顶楼找到用于下降的绳子。

按照大楼管理员的说法，嫌疑人是空手进入大楼，因此他没有进行检查。既然如此，窃贼携带的绳子就不可能太长。经过专业分析，窃贼所携带的绳索只是刚刚够从楼顶下降到失窃楼层。在这种条件下，他又是如何不用上到楼顶就可以收回绳子的呢?

答案

这里又是一个联言推理的问题。姜狄犯了常见的错误——钻牛角尖。他认为想收回绳子，就必然是要向人的方向拉绳子。但实际上，按照联言推理的思路，在某些情况下，想收回绳子，其实也可以通过把绳子向外推来实现。

事实上，窃贼在绳子那一端绑上一根铁棒，铁棒卡在楼顶边的两根围栏上，窃贼绳降的时候，利用体重让铁棒紧靠在围栏上；想收回绳子的时候，就松开手，铁棒随即因自重离开围栏，这时再拉绳子，铁棒就不一定刚好卡在两根围栏上。多试几次，就能使铁棒翻过围栏，完成绳索的收回了。

被神秘调包的金像

古丽斯通王国的附属国要向该国的国王进贡一批珍贵的金像。这些金像由附属国最知名的大师用纯金制作，且都是同一款式的骏马形象，可谓价值连城。古丽斯通国王很高兴，也很重视，特命手下一勇猛的武将去边境护送到国都。

古丽斯通国境内匪徒横生，武将迎接到金像之后就尽力保护，让匪徒没有可乘之机。但他万万没有想到的是，在快要到国都的时候，居然发现金像被调包了。事情是这样的：由于马上就要到达目的地，他想确认万无一失，就让人打开箱子检验金像。谁知道，这一检验不要紧，他们发现在五座金像中，有一座明显与其他不同——角落里多出一部分体积来。

他马上意识到，金像被调包了。而多出的那一部分体积，是因为仿制者对金像了解有限，所以出现了纰漏。武将非常自责，不过想来想去，五座金像，他毕竟保护了四座回都城，在国内如此多盗匪的环境下，罪过也不是很大，算是可以理解；而他又知道国王向来仁慈，因此虽然此行没有把事情办好，但是也应该不会有太大的惩罚。

不过，国王却当真处死了这位武将。这是为什么呢？难道武将对国王的了解是不正确的，国王没有那么仁慈吗？

答案

并非国王不仁慈，而是武将的认识出现了问题。按照联言推理的思路，金像被调包可能是一座被调包，也可能是四座被调包。事实上，这次匪徒确实调包了四座金像，而武将却想当然地认为只被调包了一座。五座金像中有四座被调包，国王这次是仁慈不起来的。

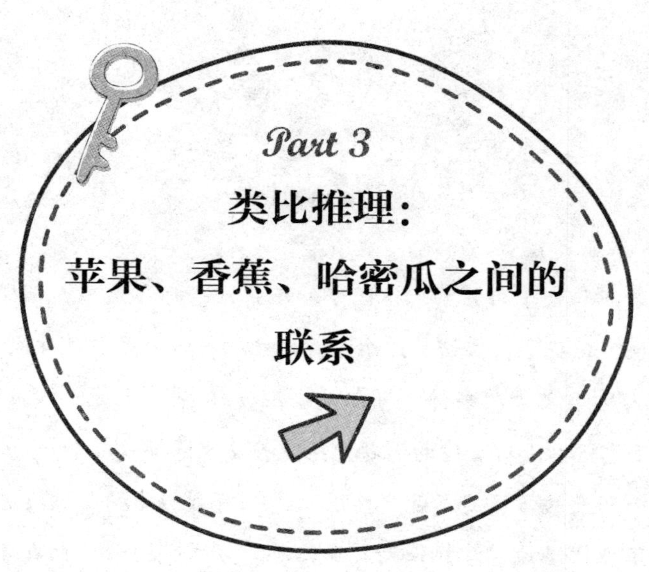

Part 3

类比推理：苹果、香蕉、哈密瓜之间的联系

老师和孩子的关系就像园丁和花朵，老师当然不是园丁，小朋友们也不是花朵，但这种比喻却是成立的，这就是“类比思维”。应用类比思维来推理事件，可以让小朋友学会举一反三、同类联想，即便遇到那些没有见过的问题，也能够处理得得心应手。

小朋友的学习离不开类比思维，拥有创造力的小朋友也是因为拥有了类比思维，掌握强大的类比思维方式，会让小朋友学东西变得更快、记得更牢。那么下面，就让我们进入福尔摩斯的探案世界，看一看类比思维是怎么应用到探案推理当中去的。

盗鱼者之死

苏礼是一个资深的鱼类爱好者，所以他每到一个地方去，都要购买当地的特产鱼，然后回家将它们摆放在客厅。他常常会很自豪地把他的鱼展示给朋友看。久而久之，他的家俨然成了一座鱼类博物馆。

有一个名叫豪斯的窃贼，他听说苏礼家有许多珍贵鱼种，就动起了歪主意。

这天，苏礼夫妇外出，只剩下一个保姆待在家里。豪斯觉得这是一个下手的好时机，便偷偷地溜进了苏礼的家。不能不说，这个窃贼有一定的经验，他先把防盗警报的电线割断了。他以为这样就万无一失了，但是他错了。在黑暗中，他不小心碰翻了一个养热带鱼的鱼缸，顿时“哐当”一声，发出很大的声响，而他自己也摔倒在了地上。

这时候，保姆听到了“啊……”的惨叫声，便赶紧过来查看。她看到地上躺着一个人，再一看，那人竟没有了呼吸。她顿时吓了一跳，立刻打电话报了警。

警察在勘查现场时发现：电线已经被窃贼割断了，而鱼缸里的恒温计也停了，室内完全处于停电状态。但是，令人困惑不解的是，盗贼却因触电而死。

请问，既然电源都被切断了，盗贼是怎么被电死的呢?

盗贼是被电死的，警察在勘查时已经确信无疑，但是电源已被切断，盗贼怎么会被电死呢?难道说，鱼身上会产生电吗?对，地板上的热带鱼是产于非洲的电鳗!这种电鳗可以产生650～850伏的电压，足以致人死命。鱼缸碎后，黑暗中，电鳗便掉到地板上，碰到了盗贼的身体，电鳗受到惊吓而放电，致使盗贼触电死亡。

爱的密码

警方盯上了安妮女士。这是因为她手中掌握着一笔财富的线索，而这笔财富，实际上是属于国家的。

安妮的前夫是一个患有比较严重的间歇性神经病患者。安妮和前夫非常相爱，她曾经试图帮助他治疗，但是一直没能治好。过了很多年后，正常的婚姻再也没有办法维系了，他们只好离婚。

距离他们离婚已经很久了。不过就在前几天，她的前夫不幸去世，留下大笔遗产。他的遗嘱中说，这些遗产全归安妮所有，并都放在保险柜里。

安妮再次来到熟悉的地方。她触摸着这个房间里所有的一切。这一切都没有改变，都是他们离婚之前布置的样子。家里很整洁，保险柜放在书桌旁，书桌上放着前夫清醒时喜欢读的《哲理故事》和《圣经》。她又看到这些书籍旁边摆着前夫的日记，他们结婚时买的笔就摆在日记本旁边。看来，前夫一直都保持着写日记的习惯。

她打开日记，通过对日记的阅读，了解到前夫对她的思念和愧疚之情，忍不住潸然泪下。她在桌旁坐了很久，也缅怀了很久。其中最感人的一篇日记，也是2003年7月15号，他死的前一天写下的最后一篇日记，更是让她永远难忘。

不过她前夫出于安全考虑，并没有告诉中间人保险箱的密码，正是由于这个原因，警方才不得已借助安妮来打开保险柜。但是她前夫为什么会这么肯定她能够解开密码呢？她真的解开了吗？

安妮很爱他。基于这个信念，他假设她的目光会永远停留在他的最后一篇日记上，对这个日期也会印象深刻。所以把日记的日期设置成了密码。

无孔不入的杀手

三井公司的社长隆田被射杀在一家防卫森严的度假酒店里。事情是这样的，隆田非常喜欢这家位于北海道的酒店，这里不仅环境优美、海风清爽、服务优质，更有着全日本顶级的安防。看似脆弱的木质结构房间里，有着防弹玻璃围城的屏障，即便有狙击手的存在，他也可以放心大胆地在房间里活动。

因此隆田在到达酒店之后，就把保镖派到酒店外警戒，而自己则享受着难得的自由。可是，本来万无一失的防卫却被隆田自己打破了。子夜时分，一声沉闷的巨响划破长空，绷断了保镖敏感的神经——狙击枪！他们赶忙冲进酒店。可是，隆田已经倒在房间的阳台上，当场身亡。

最令保镖们和随后赶来的侦探、律师、警察疑惑的是，隆田为什么会走出防弹屏障来到阳台上。要知道隆田一直都非常胆小，时刻担心竞争者暗杀自己，从来不轻易走出防御工具；而且他十分敏感，敌人想诱惑他出去也绝非易事。

警探们积极忙碌起来，但他们除了发现隆田的头发是湿润的，明显是刚刚沐浴过之外，就没有其他收获了。凶手究竟是谁？他或者他们又是怎样让隆田走出防御工具的呢？

从隆田湿润的头发看来，他必须要吹干头发。吹干头发需要用电吹风，从电吹风可以类比到其他可以提供风的事物，比如自然风。那么隆田走出防御屏障就是为了让自然风吹干头发。可他为什么不用电吹风呢？因为电吹风不在了，或者坏了。把电吹风拿走或弄坏的人就是凶手。

在大西洋中央 50 米的海底下，有一间海洋研究室，里面住着三个研究员，分别是约翰、库切和劳伦。他们的工作就是待在研究室里观察、研究海底的一切。

这天吃过晚饭后，按照工作安排，研究员约翰被安排留守在海底研究室，库切和劳伦两个研究员则穿上了潜水衣分头去海洋中工作。

晚上 8 点 15 分，研究员库切回到研究室，却看见约翰倒在了研究室中。库切检查了一下，确信约翰已经死去了，便立刻报警。

警探布鲁接到报警电话以后，立刻赶赴案发地点，并展开了详细的调查。根据现场调查结果发现：研究员约翰是被谋杀的，而并非死于心脏病突发之类的原因。经进一步调查，警探判断凶手作案时间应该为晚上 7 点左右。

警探询问了库切和劳伦两个研究员，但是他们都说自己在晚上 6 点 50 分左右就已经离开了研究室，到别的地方工作了。库切说："我离开研究室 20 分钟后，便到了一座小岛，那是我工作的地方。我在那里观察海岛附近生物的习性。"

劳伦说："我离开研究室之后，便上了岸，因为我要去地面研究室取一些资料。我到达地面研究室时，时间为 7 点 10 分。当时，艾丽小姐在岸上的办公室里，我上岸后一直在和艾丽小姐聊天。"艾丽小姐也证明了这一点。

警探布鲁听完两人证词后，便一个人来到海边，苦苦思索着这两位研究员的口供。片刻后，警探布鲁回到了研究室，对着那两位研究员说道："你们当中有一个人说谎了，隐瞒了杀害研究员约翰的罪行。"

请问，警探怎么能够肯定有一个研究员说谎了呢？那么凶手会是谁呢？

研究员劳伦说谎了，他可能就是凶手。警探布鲁之所以做出这种判断，是因为他将鱼游泳的速度和人类游泳的速度做了

比较，发觉人没有鱼游得快。鱼从深达50米的海底游到海面，只要几分钟就可以了，若再从海面游到岸边，则要十几分钟。也就是说，鱼要从海底研究室游到岸边，起码要20分钟。

将鱼的游泳速度和人的游泳速度做比较，我们可以这样类比判断：劳伦说他晚上6点50分就已经离开研究室，而到达地面的时间大约为晚上7点10分，其间仅仅用了大约20分钟的时间，这就不怎么可信了。更何况，要想从这样的深度游向地面，得在途中休息几次，以便让身体适应压力的改变。警探布鲁于是断定，研究员劳伦在说谎，他就是最大的嫌疑凶犯。

夫妻大盗落网事件

盛京旅馆接到警方通知，有一对乔装成夫妻的雌雄大盗最近出现在他们旅馆附近，很可能会去他们旅馆住宿。不过，他们虽然是同伙，但是还有着各自的利益，因此内部的事情还很复杂。旅馆需要做的就是，如果发现有夫妻入住，需要谨慎调查。一旦发现可疑，需要立即报告。当然，如果谎报误报，也是要追究责任的。

于是，旅馆换上最机警的大堂经理，对入住的人们多加留意。

很快，来了一对夫妻。他们解释说度假途中遇到意外，证件遗失了，恳求旅馆可以让他们住一夜，他们会在第二天一早就离去，并支付双倍住宿费用。经理仔细地打量了这对夫妻。他们看似风尘仆仆的样子，脸上的汗水顺着皮肤流到脖子下面，整个人都脏兮兮的样子。丈夫拖着一个沉重的大旅行箱，妻子虽然空着手，却神色不定地四处张望。

正当他在审查这对夫妻的时候，又一对表现得很恩爱的夫妻到了。他们有齐全的证件，像其他客人一样难伺候地提出各种要求，并且每个人手中都拖着一个看似不小，但是从拖动的声音来看，实际上没有装什么东西的旅行箱。

那么，这两对夫妻中是否有足够可疑的对象出现？可疑的程度是否值得冒险上报呢？

其实这两对夫妻都有可疑。不过相对而言，后一对夫妻更值得怀疑。这里可以用假设推理来进行分析。首先，我们知道雌雄大盗只是同伙，而不是真正的夫妻，他们之间还有利益冲突。因此，他们盗窃来的财物不可能只由一个人持有。假设第一对夫妻是大盗，他们的财物却全放在男人手中的行李箱里，这是矛盾的。因此，他们很难是大盗。相对的，另一对夫妻表面上看没什么特别的，却是人手一个很大却没装什么东西的行李箱。如果行李箱没有什么东西可装，为什么要分成两个箱子呢？为什么不放在一个箱子里好让丈夫拿呢？毕竟他们那么恩爱，丈夫不可能不想到这一点。再联想到大盗之间的利益纠葛，后一对夫妻的嫌疑就要大许多了。因此，值得把后一对夫妻监控上报。

纵火犯是谁?

莱克夫妇是西海岸的渔民。与其他渔民不同，莱克夫妇比较蛮横，交付渔产时也常使些小手段，因此，不为人待见。因此，当人们听到他们差点被烧死的消息的时候，很多人都一声不哼地走掉了。

据警方调查，最近，莱克夫妇与两伙人结下了怨恨。其中一伙是附近的一家渔民。莱克为了扩大渔产，向这家人借钱买装备，结果渔产没有增加，莱克夫妇一直拒绝还钱，甚至还把来要钱的人打伤了；另外一伙是来这里做生意的外地人，也是因为莱克夫妇的态度结下的仇恨。

而对方显然是想置莱克夫妇于死地。因为他们趁莱克夫妇熟睡的时候，运大量木柴放在莱克夫妇屋子旁边并点燃，企图烧死莱克夫妇。但他们是把木柴放在屋子的西侧，在点完火离开后，火焰并没有向小屋方向燃烧，这让莱克夫妇捡回了一条命。

那么，纵火犯到底是哪一伙人呢？

这个案例可以利用假设推理来进行分析。首先，假设是本村人要烧死莱克夫妇。那么他们不会不知道，晚上的海风是从陆地吹向海洋，这在他们当地就是从东面吹向西面。因此，想要烧死莱克夫妇，必须要把木柴放在屋子东侧才行。可是，事实上，犯人把木柴放在屋子西侧，这很明显不是本地人做出来的。而外地人之所以把木柴放在西侧，是因为他们在这里活动都是白天，而白天的风向是从海洋吹向陆地的。

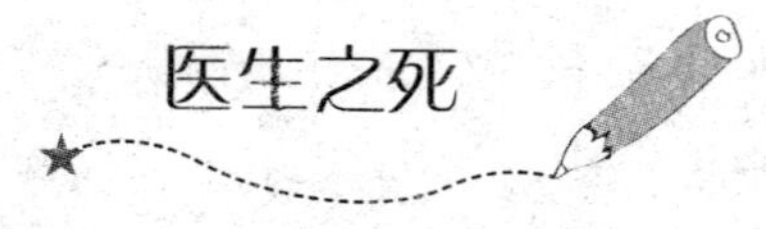

医生之死

光华医院发生了一起命案，据说是一名患者不满医生的治疗，一怒之下杀死了医生，然后跑掉了。还好医院有着完善的登记制度，那就是挂号。挂号的时候，病人都填写了身份资料。警方根据身份资料把嫌疑人的范围缩小到可以调查的级别，并最终找到了嫌疑最大的那个人，但是资料这东西的真实性不完全可靠。

找到对方之后，他们说明自己是警察，为一起光华医院医生死亡事件来调查取证。至于为什么找到他，警方的解释是，嫌疑人在医生被杀之前登记了资料，因此，可能是杀害医生的病人。而他们得到的答复是："我没有杀人，我是去看了耳朵，而不是口腔。虽然耳鼻喉和口腔科在一起挂号，但是我没有去口腔科，所以不可能杀死那名牙医。"

可是警方还是拘捕了嫌疑人。这是为什么呢？

这是一个假设推理的问题。假设嫌疑人真的没有杀医生，他怎么会知道被杀的是牙医呢？因此，他极有可能就是凶手。

农民自杀事件

和罗村的张大保死了，据说是喝敌敌畏死的。至于为什么死，应该就是缘于盛传的他儿子非要他卖掉所有财产，好让自己能快点娶上媳妇的事情吧。老头在儿子的压力下，终于不堪重负，自杀了。

邻居刘大姐摸着大保饲养的小狗感叹，大保生前本来就已经因为身体不好，年纪又大，不能下地干活了。在外面打工的儿子不但不贴补家里，还常常要父亲给他寄钱，这让大保的压力非常大。张大保的生活来源，就全靠他养的这些满院子跑的鸡鸭兔子。尤其是兔子，张大保最喜欢了。他是自己在山上抓到的兔子，后来繁育成家兔，付出了很大的努力。因为这些兔子是由野兔繁殖出来的，所以味道比家兔好非常多，在市场上也有一批老主顾，经常是张大保不用去卖，人家自己到张家来买走。大保也最喜欢这些兔子，虽然它们迟早是要被吃的，但是只要没卖出去，大保对它们就非常好。他不让别人照顾这些兔子，怕他们照顾不好。有时，有些兔子长大实在不适合家养，他干脆就放回山里，让它们回归自然的怀抱。

警方听到刘大姐这番描述之后，开始怀疑张大保的死因了。他们为什么会怀疑呢?

我们先假设张大保是因为儿子的压力而自杀，那么在自杀之前，他应该会处理一下后事。就兔子而言，既然他不让别人照顾兔子，那么就应该在死之前把所有的兔子都放回山里，但他没有这么做。警方后来调查出来是他丧心病狂的儿子给父亲强行喂下敌敌畏，就逮捕了他。而他无论如何都没有想到，为父亲报仇的，恰恰是他从来没有看上眼，却一直以来都是他“衣食父母”的这些兔子。

跑输了就有罪

谢全上街卖字画，刚好有人向他冲过来，没等他反应过来，那人已经抢了他的皮包，向远处跑去。谢全拔腿就追了过去，费了些力气，追到了贼人。正当他要把皮包抢回来的时候，来了两名警察，把他们俩控制住了。

原来，警察早就看到他们在扭打，知道出事了，就过去看个究竟。可是谢全嘴笨，抢包贼居然恶人先告状，说是谢全抢了他的包。刚好今天谢全的包里装的东西，也就是字画，他无法证明是他自己的，这祖传压箱底的东西谁能有什么证据呢？因此他也犯了难。

警察看他们俩争执不清，就想把他们全带回去审问，可是有围观的路人给警察出了一个主意，很快就分辨出了包是谁的。这个主意是什么呢？

就是赛跑。假设两个人中一个人是抢包贼，那么他一定是抢到包之后先跑出去的，另一个是后追上来的。也就是说主人是要比抢匪跑得快的。因此，路人建议警方让他们两人赛跑，跑赢的自然就是主人了。

倒霉的游客

汉金探长从事警务工作多年，经历了数不清的新鲜事，也见过了那么多的倒霉蛋，今天又碰见了一个。

巴根斯河谷旅行团带领团员穿越风蚀地貌地区，这里既有沙砾，也有锋利的大石头。有些大石头有两三人高，甚至更高一些，有些则比人高不了多少。但这种高度对于全都是年轻人的旅行团来说，却成了玩耍的场所。领队管不了这些精力旺盛的家伙，就嘲讽他们是猴子没有进化完全，总是上蹿下跳的，这些原生态的石头被亿万年的风雨侵蚀，不仅脆弱，而且有着无数突出的锋利边缘，顶部也不平坦，一不小心，不仅容易划伤自己，甚至会从边缘滑落。

结果还是出事了。领队正在休息，听说一个叫黑斯的青年从一块两人高的石头上摔下来撞在下面的石块上，丢掉了性命。领队一听慌了，这可是旅行团的责任，他会吃不了兜着走的。他赶忙跑过去，希望黑斯还有一口气，好尽力施救，可惜，当他摘下死者的墨镜时，那双空洞的眼睛告诉他，已经没有这个可能了。

还好这个区域离城镇不算远，很快有警车和救援车到达。警察到现场之后，很自然地询问事发经过，有无他人到过现场。当他们得知领队曾经摘下死者脸上的墨镜的时候，很快得出了结论：领队无须为这个事件负责，因为它已经超出了事故的范围，是一件故意杀人案件。

警方为什么会得出这样的结论呢？

这个案例可以用假设推理来分析。首先，假设死者是从两人高的原生态石头上掉下来的，那么他一定要先爬上去。而这种难于攀登的石头，任何人攀登的时候都不会带着妨碍视线的墨镜。就算是登上了顶部，由于石基的不稳定和表面的不平坦，也没有人会戴着墨镜站在上面，何况登上去就是为了看四周的样子，在这种情况下，谁还会戴着墨镜呢？因此，警方推断，死者根本不是从上面掉下来的，而是在石头下面被人谋杀，并被伪装成坠落事故的样子。

罪犯的同伙

银行发生抢劫案，除了现金之外，正在银行视察的两名领导也被劫持，事态非常严重。据称，犯罪分子来时是五个人，乘坐一辆家用小轿车。其中一名匪徒留在车上，其余四人进入银行抢劫，并持枪劫持了两名领导。等安保人员从银行追出来的时候，他们已经返回车上，逃之夭夭了。

劫匪前脚刚走，警察就到了。警长听到安保人员的描述，迅速分出一批人在附近搜捕罪犯，自己则继续驱车追赶逃犯。

警长怎么知道除了车上的劫匪，附近还有他们的同伙呢？

这里有一个类比推理的问题。一个容器的大小是有限的，本来满的容器，硬是要装进更多的东西，就一定会把之前的东西挤出去。车也是一样。本来最多乘五人的家用小轿车，已经坐了五名劫匪，再要加进去两名身材不一定高大，却十有八九体态比较臃肿的领导，一定会有匪徒因上不去车而徒步逃走或者在附近躲藏。

医院凶杀案

诺兹医院里有专门的保外就医监护区。监狱里保外就医的罪犯都在这一区域活动。就是在这里，发生了一起枪击案。原黑帮老大牛勐被枪杀在院子里，法医鉴定，他死前曾和人有过长时间的追逐和激烈的搏斗。嫌犯有右臂骨折患者唐克、脸部烧伤者默尔和急性糖尿病患者科蒙托。他们三人都和死者曾有过节，且都扬言要杀死死者。

警方很快查获了凶手在逃跑时丢弃的手枪，并通过手枪上遗留的痕迹找到了凶手，他就是科蒙托。科蒙托被捕后也很纳闷：自己明明擦掉了指纹，他们怎么能找出凶手就是自己呢？总不能说擦枪的纸巾上也能找出自己的指纹吧？

警方是通过指纹找到凶手的吗？

不是。确实，在纸巾上想提取出洗得非常干净的手所留下的指纹是很难实现的，但是根据类比推理，识别一个人既可以通过视觉上的指纹信息，也可以通过味觉甚至于特殊的化学成分。人们都知道糖尿病人的尿液成分很特殊，其实，他们的汗液成分也有独特之处。长时间的追逐和激烈的搏斗让科蒙托出了不少汗，纸巾上的汗水成分暴露了他。

一杯会说话的可乐

七月的一个晚上，探长接到报案，报案者称郊外一栋公寓内有一位老人服毒自尽了。报案者还称，自己是死者的保姆。

探长闻讯后，立即来到了郊外的案发现场。这是一座很漂亮的房子，看来主人应该很有钱。开门的是一个保姆打扮的年轻人，她见警察来了，便哭诉说她的主人死得好惨。

保姆把探长带到了客厅，探长见死者印堂发黑，口吐白沫，很明显是中毒而亡。

保姆说："今天气温高得离谱，主人一直待在公园里，直到晚间 7 点钟才回来。主人进屋后，就要我给他弄一杯加冰块的可乐。我就递给他一杯可乐，后来我出去买菜了，可是当我 8 点钟回来的时候，竟然发现他死了。"说着说着，保姆又哭了起来。

探长看了一眼墙上的温度计，温度计显示室内温度为 39 度；再看一看保姆所说的那杯可乐，然后将其拿起来，并用手摇了摇。杯内的冰块互相撞击着，发出阵阵声响。

探长放下杯子，便对保姆说：“麻烦跟我去警局聊聊你作案的经过吧，我对它很感兴趣。”

请问，探长为什么认定保姆就是杀死老人的凶手的呢？

当时屋子内的温度达39摄氏度，按照常理来判断，放了一个小时的冰块早就已经化了。但是探长却发现冰块并没有融化。从这一点就足可以判断保姆在说谎。

自动送上门的罪犯

在欧洲某国家的博物馆，曾经展出过一顶中世纪的皇冠。尤为引人注目的是，在这顶皇冠上镶嵌着一颗特大号的钻石，十分美丽。

可是不久之后，皇冠上那颗美丽的钻石就被狡猾的盗贼偷走了。让人感到困惑不解的是，博物馆内的报警器并没有响，皇冠的展橱和博物馆的任何一扇门窗都没有损坏。大家都不明白，盗贼是利用什么方法成功偷到钻石的呢？

博物馆馆长特地请来皮特调查此案。皮特是著名的安全专家，他来到钻石的展橱后边开始进行细致地观察。展橱是一个透明罩，精致而坚固。皮特突然发现，在它的底部交接处有一个不起眼的对位孔，这个孔十分窄小，只能通过一只小老鼠。忽然，一根极其细小的白色短毛引起了皮特的注意。白色短毛在展橱的边沿，皮特先生把它捡起来，带回了自己的实验室。

第二天，皮特让助手在报纸上刊登了这样一则消息：盗取皇冠的盗贼已经抓获，现在正在审问中。消息下面，还登出了盗贼的照片。

半个月以后，皮特用化名在报纸上刊登了一则启事：本人不慎将一块瑞士高级金表掉进了下水道的凹槽中，这块金表对我意义重大，所以希望找到一位高手在不破坏下水道结构的前提下，能够帮我取出金表。事成之后，本人愿意按金表价值的一半作酬谢。

又过了两天，助手找到皮特说："有一个很像医生的人，他带来一只小白鼠，说可以帮助你取出金表。"皮特一听，高兴地站起来说，"我恭候多时了！马上叫人抓住他，他就是偷钻石的盗贼！"

请问，皮特先生为什么这么说呢？

皮特先生凭借展橱中的那根白色细毛，鉴定出它是小白鼠身上的毛。于是，皮特准确判断出，罪犯是在小白鼠的帮助下成功偷到钻石的。罪犯既然能够在小白鼠的帮助下偷到钻石，自然也可以在不破坏下水道结构的前提下取出金表。

于是，皮特先生运用类比思维，故意制造一个假新闻，说罪犯已被抓获。一段时间后，再化名刊登假启事，诱使偷窃的罪犯自动送上门来，这样就轻松抓住了盗贼。

在美国，北部的冬天是很冷的，尤其是那些远离都市的地区。在这些被皑皑白雪覆盖的地区，人口非常稀少。但是，政府对他们的生命安全同样重视。因此，当警官接到报案，说一栋山区住宅发生命案之后，便组织各方面人员，先是坐车，后来又徒步走到案发地点进行调查和处理。

这一片地区的地形非常复杂，他们上山的路上就有人摔倒，并从雪坡上滑下去很远。而报案人描述的地点是在最高的那座山的山腰上，因此警员们花了很长时间才到达。警官并没有在犯罪现场发现太多线索，因此只能来到室外，沿着凶手在雪地上留下的脚印继续追查。警察们跟着脚印走了很远，很是纳闷，难道这凶手是完全步行离开的？那么这人的体力要多好？寒冷的冬天，要穿越这么一大片山地回到有人居住的地区，平常人是很难完成的。

就在这时，他们发现脚印在山腰一处断崖处终止了。难道凶手慌不择路，掉下断崖了？警察们往下看了看，并没有看到明显的有人落崖的痕迹。警长想来想去，还是让所有人都撤回了。不过，他们没有休息，而是去了户外运动商店。

他们去户外运动商店做什么呢？难道是购买雪地侦查的工具？

答案

警察假设凶手没有死。那么，凶手从那么高的地方掉下去，怎么可能不死呢？这就可以推理出凶手有相关的工具。其实，警察并不是去购买雪地工具，而是去调查有谁买了雪地工具和飞行工具。由于该地区人口稀少，户外运动商店也就那么几家。他们很快得到有人购买飞行工具的重要线索，并据此找到了罪犯。

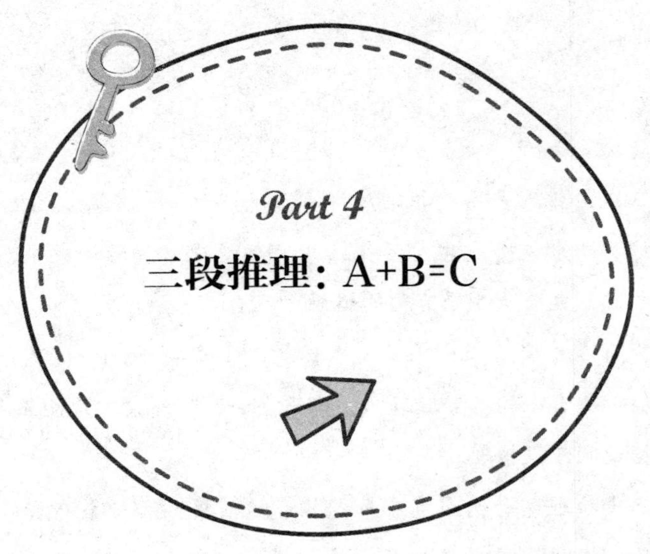

Part 4
三段推理：A+B=C

三段论推理是所有推理演绎中最简单的一种判断方法，如果应用好它，小朋友会发现生活生活中有趣的现象背后的故事，但如果胡乱用它，也会产生很有趣的错误。

所有人都要吃饭，小王是人，所以小王要吃饭！这是正确的三段推理。所有小狗都会旺旺叫，小王也会旺旺叫，所以小王是小狗！这是错误的三段推理。

三段推理包含两个直言命题构成的前提，和一个直言命题构成的结论。而福尔摩斯很多探案的方法，就是想方设法找到两个真言命题，然后，从真言命题推导出案件的真相。下面，就让我们去看一些需要用三段推理才能解决的案件，看一看小朋友有没有和福尔摩斯较量的本事。

尸体旁的果汁瓶

夏季的一天，有人在河边的一处草丛里发现了一具尸体，尸体旁有一个空果汁瓶。警察闻讯后，立即奔赴尸体被发现的地点，展开了调查。

警察经过化验后，发现死者旁的果汁瓶里含有毒。警察在搬动尸体的时候，还发现下面有一株月见草，上面开着一朵黄色的小花。经过验尸，警方称死者的死亡时间约在 24 小时以前，应该是昨日下午来到这里服毒自杀的。但是有位警察却不赞同这种说法，他认为死者并不是死于此地，这里并不是第一现场。

请问，你知道这位警察为什么这样推断吗？

答案

原因就是尸体下的那一株月见草！月见草只有在晚上才开花，若是死者昨天下午在这里自杀，那么他压着的这株草就不应该是盛开的。这就表明，这里并不是第一现场，而尸体是昨晚被扔在这里的。至于那个有毒的果汁瓶，不过是凶手所制造的一个假象而已。

突然响起的枪声

十月的一天，一名叫查理的政府议员举办了一场个人招待酒会，前来参加酒会的人有很多，包括政府部门的人、记者，还有拄着拐杖的残疾人和拿着芭比娃娃的小女孩。只要有客人到来，查理都会笑脸相迎。

就在欢快的气氛渐渐在酒会弥漫之时，突然，枪声响起，议员被枪杀了。现场的人们都惊呆了，大家在短暂的沉寂之后，纷纷四下逃散，整个酒会大厅顿时陷入一片混乱。

几天后，现场的安检人员经过对宾客名单仔细分析，找到了凶手。

请问，你知道是谁把枪带进酒会现场的吗？

答案

就像文中提到的那样，来参加酒会的宾客来自各个阶层，既有政府人士、记者，又有残疾人、小女孩。其实，凶手就是拄着铁拐的残疾人，他把枪藏在自己的铁拐中，这样，即使是通过金属探测器，也不会引起安检人员的怀疑了。

黄金不翼而飞

有人盗窃了一个富翁的金库，金库里有几十斤黄金，全部都不翼而飞。警探接到报警后，立即展开了追查，最后查到了大盗哈波特的身上。

有消息说，哈波特马上就要驾车前往墨西哥度假了。警探立即驱车追到了边境线上，拦住了哈波特。

警探亮出证件，便开始查看哈波特的汽车。不过，遗憾的是，警探搜来搜去，一块黄金都没有搜到。难道黄金并不是哈波特偷走的吗？

“警探先生，你污蔑了我，还耽误了我的时间，我一定要到联邦检察院投诉你！”哈波特气愤地说。

警探并不理会，又开始了新一轮的搜索。

“尊敬的警探先生，请问您还要多久！”哈波特说。

警探忽然冷冷说道：“看来你是等不到去投诉我的那一天了，哈波特，你很会藏黄金的嘛！”请问，黄金到底被藏在哪儿了呢？

答案

警探得到确切消息，就是哈波特盗走了黄金！既然在他的汽车上搜不到，那么汽车本身是不是就与黄金有某些关系呢？

其实，哈波特的汽车车身就是用黄金做的！警探开始的时候只顾在车上找，而忽略了汽车本身。纯黄金很软，也具有黏性，因此可以将其做成涂料。哈波特就是利用黄金的这一特性，加工了盗取来的黄金，将自己的汽车改装成了黄金车身。

无线电厂里的失窃事件

一天夜里，一家无线电厂发生了失窃事件，第九车间的生产线上有五部高档收录机芯被窃走。时隔半月，该车间的生产线上又被窃走收录机、录像机元件各一部。

厂保卫科在调查中得知，被窃事件都是在工人下班离开车间后不久发生的，而且都是在次日早晨一上班的时候，班长安排当天生产时发现的。

奇怪的是，车间门窗和门锁均完整无损，没有翻窗撬门等痕迹。

平常夜里，车间内都会有三人值班，可是这三个值班人员都没有提供任何有益的线索。

经过仔细研究，保卫人员确定盗窃案均属内部人员所为，但这么多东西究竟是怎么被带出厂的呢？谁又是最大嫌疑人呢？

最大嫌疑人应该是车间勤杂工，以及当时的值班人员。他们把被盗物和杂物、废弃物放在一起，次日以处理废弃物的形式带出。

盲人音乐家

安德鲁是一位出色的盲人音乐家，他的听觉要比一般人好得多，对音强、音高、音色等特别敏感。正是凭借出色的听觉能力，他曾击中了一个小偷。

一天，一位朋友来安德鲁家做客。突然二楼传来响声，朋友忍不住惊叫起来：“哎呀，楼上有小偷！”

安德鲁取出防身手枪，然后摸上楼去，朋友则小心翼翼地跟在身后。二楼没有开灯，这对盲人比较有利。安德鲁小心地推开房门，房间里一片安静。

安德鲁静静地站了一会儿，然后，他扣动了扳机。只听得“砰”一声枪响，有人“扑通”倒在了地上。朋友遵照安德鲁的吩咐，摸索着把灯打开了，只见大座钟前躺着一个人，正捂着腹部，而钱币撒了一地……

朋友感到纳闷不已，因为小偷伪装得很好，一点声音都没发出来。安德鲁怎么会击中小偷呢?

请问，你知道这是怎么一回事吗?

小偷敛声屏息，虽然没有发出任何动静，但是安德鲁却听出座钟的“滴答”声变得微弱了！这只有一个解释，那就是：小偷恰巧挡住了座钟！所以，安德鲁便朝着座钟方向开了枪。

遇害时间

上午9点钟，探长接到一通报案电话，报警者称自己叫比尔，他说在海边发生了一起谋杀案，想请探长前去调查。

比尔说，他来海边散步时，发现一艘小帆船倾斜在沙滩上。他好奇地走了过去，对着船舱大喊了起来，但是却没有得到回应。

比尔沿着放锚的绳子爬到甲板上，从甲板的楼梯口往阴暗的船室看去，结果看到一个人倒在血泊中，胸前还插着一把短剑，看样子是被刺死的。

探长登上了帆船，查探了一下案发现场。探长留意到死者的手中紧握着一份被撕破的航海图。在他躺卧的床头上，还竖着一根已经熄灭的蜡烛，蜡烛的上端呈水平状态。探长猜测，航海家是在看航海图时被杀害的，凶手杀死航海家后就吹灭了蜡烛，然后就拿着航海图逃跑了。

经了解，这艘船大约是昨天中午停泊在此处的。即便是在白天，船室里也非常阴暗，所以看航海图时需要点蜡烛，可见航海家被害的时间并不一定是晚上。

探长这时却说道：“航海家被害的时间应该就是昨晚 9 点左右。”

请问，探长是怎么知道的呢？

确定时间跟潮汐的涨退有关。探长了解到，海水的涨潮与退潮之间一般间隔 6 个小时，那么上次退潮是 12 小时前。因为“蜡烛的上端呈水平状态”，证明它在燃烧的时候船也是平衡的。探长据此推理出了航海家被害的时间。

谁杀了年轻妈妈

在一栋公寓的10楼里，一个女子饮弹身亡。警长得知讯息后，立即赶到了案发现场，展开了调查。

死者的房间是一室一厅的格局。从正门进去是客厅，客厅里面放了很多东西，有电视机、沙发、茶几，还有几盆花，而电视机仍开着。右边的门通向厨房，警察赶到的时候，厨房的门关闭着。厨房里面还放着一辆带轮子的婴儿床，床上还有一个婴儿正在啼哭。

女尸躺在床上，周围有溅出的血迹。当时，有一个邻居正好从门外走过，听见枪声后，想打开门看看究竟，但是门是从里面反锁的。邻居只好回到自己的家，打电话向警局报了案。

警长了解到，死者有一个前夫，两人刚离婚不久，但是她的前夫喜欢赌钱，而且逢赌必输，经常来找她要钱。

如果是她的前夫杀死了她，那么，他究竟是怎么逃走的呢？要知道，当警察赶过来的时候，门是反锁的，而这又是10楼！

请问，你知道谁是杀人凶手吗？

凶手便是死者！首先一点，那辆婴儿床停在了它不该停的地方。一般情况下，婴儿车应该是被放在卧室里，以便母亲照顾。其次，厅里的电视机打开了，这是因为她怕自杀时的枪声吓坏孩子，那些布置只是为了消音。

大脚印与小脚印

博物馆新进了一批出土文物，不过在开箱清点时，发现有一件珍贵的青铜器不见了！可以说，在这批出土的文物里面，这只青铜器最为珍贵。青铜器的丢失，让有关负责人大为惶恐。

据警方分析，青铜器不可能是在运送途中丢失的，因为这批文物全程由武警护送，中间并未出现任何问题。警方认为，那只能是在往车上装文物的时候出了问题。经仔细侦查，警方锁定了两个嫌疑人，一个是瘦高个，一个是矮胖子。

这两个嫌疑人发现自己被警察追踪，就朝着海边的一座山上匆匆逃去。警察循着他们的脚印奋起直追，而他们的脚印一直延伸到了悬崖边。

悬崖附近的草丛里丢着一个笔记本，最后一页上写着一行字：“一切都将逝去，一切皆可抛弃……”一位警员看后认为，这两位嫌疑人可能是畏罪自杀了。警长仔细查看了一番脚印，却喃喃自语说：“大个子的步距竟然比小个子的小……”警长怀疑那两名嫌疑犯并没有畏罪自杀，而是藏匿了起来。

请问，你知道其中的原因吗？

当两人走到坡下时，矮胖子拿着高个子的鞋上了坡。他走到悬崖边，把笔记本扔到草丛里，然后，换上高个子的鞋，倒退着走了下来，目的就是造成两人都跳崖的假象。正是因为小个子是退着走回的，所以步距要比原来的小，致使大鞋印落在了小鞋印上。

自杀还是他杀

马克是个不折不扣的赌徒，而且他运气不好，逢赌必输。这天，他赌钱又输了个精光，正在不知所措之际，一个人走近他身边，说

道：“听着，我给你送钱来了，5万美元，要不要？”

马克看看那人，问道：“你想让我干什么？”

“今天晚上，你干掉亚尔曼！”

到了深夜，马克穿上一身夜行服，手里提了台打字机，就偷偷来到了亚尔曼家里。他悄悄溜进后门，穿过长长的走廊，来到了书房。书房里透着灯光，亚尔曼正在看书。

马克取出手枪，装上消音器，从后面猛冲进去，捂住亚尔曼的嘴，对准他的太阳穴开了一枪，亚尔曼连哼都没哼一声就一命呜呼了。

紧接着，马克从背包中取出打字机，将它端端正正放在亚尔曼面前，并把早就准备好的遗书放在打字机的出纸口上，随后把手枪放在了亚尔曼的手里。马克这样做，就是为了制造一种假象，让人误以为死者是举枪自杀。马克还谨慎地擦拭了所有他曾触碰过的地方，包括打字机、门把手和桌椅，避免将自己的指纹留下。

次日，马克来到报摊，打算买一份报纸。他翻开报纸，一行又大又粗的字体映入眼帘——“富商亚尔曼被杀，凶手假造遗书”。

请问，警方是如何确定亚尔曼不是自杀的呢？

问题就出在，现场没有一点指纹！既然遗书是亚尔曼在自杀前打的，那么打字机上就应该留有亚尔曼的指纹。可是，现在打字机上却没有亚尔曼的指纹，这就是凶手的一个遗漏！

企业家的死因之谜

这天，警局接到报案，说是有一位年富力强的企业家突然死在了自己家的花园里。警察赶到现场，发现死者是被手枪击中头部，当场死亡的。警察在死者头部找到了弹头。

现在有一个问题摆在警察面前，那就是：死者是死于自杀，还是死于他杀呢？经过深入了解，警方了解到死者曾一度患有强迫症，精神上非常痛苦，但仅仅据此就认定死者是死于自杀，未免太过草率。这时，警长终于想出了一个判定死者死因的方法，他叫人带来了一些石蜡。

请问，你知道警长打算如何判断死者的死因吗？

将石蜡熔解以后，倒在手和衣袖袖口上。待石蜡凝固后，再将其取下，如果在上面发现有附着的火药微粒，这就表明死者是自杀；如若不然，那就是他杀。因为自杀者的手和衣袖上会带有火药微粒。

珍品的埋藏之地

一天，著名的凡尔赛博物馆失窃了一批珍品。探长经过一番仔细侦查，很快就抓住了参与偷窃的重要罪犯，可是却没有找到那些失窃的艺术品。主犯供认，他们将艺术品交给了农场主迪恩，藏在了他农场后院的一个大铁箱里。

警察们赶到迪恩的农场，前前后后、仔仔细细地检查了个遍，却未发现那些失窃的艺术珍品。到底他能把铁箱子放在哪儿呢？探长一筹莫展，肯定有什么线索被忽略掉了。这时，他忽然想到，自己来时，迪恩曾朝着晒谷场看了一眼，便跟正在搜查的警察说："我们去晒谷场！"

来到晒谷场，探长叫警察们打来了水，然后向晒谷场上浇水。警察们牢骚起来，认为自己干着没有意义的事情。当浇到迪恩正站着的那块土地时，水渗得比其他处要慢很多，探长突然大声说："就是这里，挖这里。"

果然，一只大铁箱很快就被挖了出来，而里面就是他们要找的那批失窃的艺术品。

请问，你知道探长是怎么知道艺术品的埋藏之地的吗？

晒谷场这么大，要全部挖掘实在是太难。如果通过浇水就快很多了，干燥的泥土地，渗水一定很快，但是如果下面有个铁箱子的话，渗水的速度就会变慢很多了。探长正是想到这一点，才成功找到了那批失窃的珍品。

寻找子弹头

欧洲有一“盐都”，旅游业很发达。一次，一批来自美国的游客来到了这里。在参观盐洞的时候，一位名叫安格斯的游客炫耀起他的钻石来。导游很为他担心，因为这里治安不是很好，安格斯这样炫耀财富，很可能会被人盯上。

第二天早上，导游清点人数时，发现少了一人，而少的人正是安格斯。导游感觉到事情不妙，便奔到安格斯的房间去。当他打开房门时，看到安格斯躺在地上，而手上的戒指已经不翼而飞了。导游心里很害怕，便赶紧报了警。

警察赶到案发现场后，发现死者胸口留有一个弹孔，此外没有发现任何线索。法医经过鉴定，认为死者是由于肺被穿破而死亡的，死亡时间大约在昨天晚上 10 点。从伤口形状来看，警察判断是枪杀的，但是，子弹头跑到哪里去了呢？

请问，你知道子弹头去哪儿了吗？

答案

凶手所使用的是一颗可以消失的子弹！凶手是用盐块打造的气枪子弹，将其射入死者体内后，盐块逐渐溶化，当然就找不到凶器了。当警探得到法医给出盐浓度、钾浓度过高的检验结果时，便知道凶器是什么了。

绑匪的真实身份

一位富翁得知儿子被绑架了，便花重金请到了一个著名的侦探。富翁告诉侦探，绑匪用公共电话跟他说过两句话，第一句是“周末上午寄 500 万美元来，地址是东京市中野区早稻田大街 517 号”，第二句是“假如你报警，你儿子的性命就会不保”。

侦探为了方便调查，乔装成一名推销员，来到了绑匪所说的地址，却发现绑匪提供的地址是虚构的。绑匪这样做，难道不想要赎金了吗？既然地址是假的，汇过去的巨款绑匪也收不到！忽然，侦探灵光一闪，想到了绑匪的身份，随后立即告知警察。警察按照侦探提供的线索，很快就抓到了绑匪，成功救出了小孩。

请问，你知道绑匪是谁吗？

绑匪是当地的邮差。因为绑匪知道，没有正确地址的邮包只能交给当地邮差。

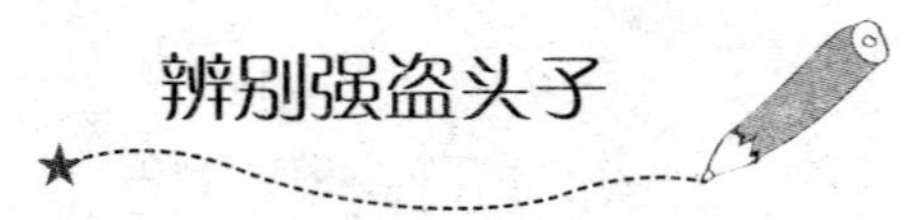

辨别强盗头子

某国境线附近，常有强盗作案。为了将这群强盗一网打尽，边防警察局可谓是煞费苦心。这天，收到强盗又要作案的消息后，警长亲自带领部下，在附近悄悄埋伏了起来。

等到强盗赶来时，警察迅速出击，消灭了几名悍匪，余者不得不乖乖举手投降。警长知道这帮强盗的头子心狠手辣，杀害了不少人，一定要先把他揪出来。但是，警长并不知道强盗头子长什么模样，便问道："谁是领头的？"

强盗们都低着头，一声不吭，看来强盗头子很有威慑力，别人都怕他。警长见状，便想了想，然后说了一句话，就马上辨出谁是强盗头子了。

请问，你知道警长说了什么话吗？

警长说："你们的头目怎么把衣服穿反了。"强盗们一时没反应过来，都向一个人看去。警长知道，那个人就是他们的头目。

井中的尸体

这天，从郊区的一口水井中打捞上来一具尸体，然而由于尸体已经腐烂得面目全非，以致无法辨认。

经过仔细观察，探长注意到尸体骨头上有一些明显的黑色斑块。这些黑色斑块是怎么回事呢？探长想了片刻，然后问自己的助手："附近有没有什么冶炼工厂，比如炼铅厂？"

"不远处就有一间这样的厂子。"

探长就去了那家炼铅厂进行调查，果然查出有一名男性不知去向，好几天没有上班了，而且家里人也正在找他。经过 DNA 验证，从水井中打捞出来的人就是失踪的人。

请问，探长是如何知道死者是炼铅厂员工的呢?

突破口就是尸体骨头上的黑色斑块。炼铅厂的工人有机会接触大量的含铅尘毒，而一般侵入体内的铅很容易形成难溶的磷酸铅，并且沉积于骨骼中。由于无名尸体浸泡在井底，井底的泥与尸体腐败后产生的气体再与骨骼中的沉积铅发生化学反应，就会形成黑色的骨斑。

Part 5

假设推理：如果明天没有太阳

假设你是司机，在遇到小朋友闯红灯的时候，你会怎么做？你当然不是司机，但你却可以通过假设，把自己置身于另一个环境当中，然后看一看会发生什么，这就是假设推理。

假设推理是从一般原理或理论出发，依据这一理论推导出一些具体的结论，然后把这些结论应用于对具体现象的说明和解释。

对于每一个小朋友来说，假设都是你必须掌握的思维方式，也是你破解谜题最常见的武器。在下面，我们准备了一些必须通过假设才能够解答的疑案，现在，就请你开始你的冒险吧。

坠落的血迹

梅斯公寓有人坠楼，楼下的人壮着胆子走到旁边，发现那人已经死了。警方到场后，在现场没有发现任何特别的线索，就以意外坠楼结案了。

但第二天，一名园林工人找到警察，为他们提供了一条新的线索：他今天刚好负责修剪前一天发生坠楼事件的楼房下面的一棵树。他在剪落的叶子上发现有凝固了的血迹。

警方在得到这条线索之后，推翻了之前的看法。从这血迹可以得出什么结论？

这是一个假设推理的问题。假设人是摔死的，那么血滴不可能溅到那么高的树梢。因此，这个人掉下来之前就已经受伤了。所以，死者不是意外坠楼，也不是自杀，而是他杀。

穿越沙漠的女子

警方因一起盗窃案追查到了一名叫甘红的女子。但她提出了一个不在现场证明：从案发前半个月，一直到案发后一个星期，她一直在塔克拉玛干探险。

为了证明自己是无辜的，甘红还特意提交了几张照片给警方。照片上，成群的单峰骆驼在戈壁上行走着，果真是沙漠戈壁的风情。

警方看了以后，决定商议一下。甘红本以为警方找不出什么破绽来，但最终她还是以盗窃嫌疑人的身份被收押了。

警方为什么不相信甘红的话呢？

这是一个假设推理加地理常识的案例。首先，亚洲只有双峰驼，没有单峰驼。因此，假设甘红去的是塔克拉玛干，那么，照片上的骆驼就应该是双峰的，而不是单峰的。从而证明甘红在说谎。

银器到底是谁的

警长默里正在处理一起财产纠纷事件。两个人都说地上的银器是自己的，却拿不出任何证据。一个人说银器是他祖传的，放在仓库里传了几代人；另一个说银器是他最近从银器厂邮购的，却拿不出邮单。

警长看着地上灰暗的银器说道：“这东西也值得你们俩抢来抢去的？”不过，想到这里，他突然眼前一亮，知道了银器真正的主人。

那么，银器的主人是谁呢？

这个案例可以用假设推理来分析。假设银器是第二个人的，他刚刚从银器厂购买的银器应该是纯净的银器，表面应该会相当亮。而这银器明显已经氧化，变得很暗淡，因此不是第二个人的，而是第一个人的。这刚好符合他“祖传”的说法。

一支银簪与十指硫黄

在一家酒馆后面的树林里，有人发现了一具女性尸体，她的心脏上面刺着一根银簪。侦探闻讯后，立即赶来进行调查。

死者名叫久美子，是日本一家国际贸易公司老板川田的独生女儿，长得妩媚动人，有很多追求者。川田一向对女儿非常宠爱，女儿的死亡让他悲伤欲绝。侦探肯再次出山，就是因为川田许下了重金。川田恳请侦探尽快破案，以告慰女儿在天之灵。

侦探从尸体上拔下银簪，拭去上面的血迹。侦探反复看着那支银簪，希望能够从上面找出蛛丝马迹。那支银簪的顶部十分锋利，闪闪发光，可以用作防身的武器，而柄端却黑乎乎的，像是被熏过似的。

侦探问川田："这支银簪是久美子的吗？"

川田回答道："是的，这是她前男友浜野送给她的。这有什么问题吗？"

侦探没有回答，却马上找到了浜野。浜野举止庄重，看上去是一个很有修养的人，不过他的身上有一股硫黄气味，而且非常浓烈。侦探仔细一看，注意到浜野的十指黄黄的，而且他皮肤干燥，像是患了皮肤病。

“真是让人头疼的病啊，”侦探同情地说，“涂了硫黄药吧，见效吗？”

浜野像是不想让人看到似的，把手藏在身后，说道：“嗯，已经好多了，只是药味太浓。”

“能说说你和久美子是什么关系吗？”

“嗯，我们以前交往过，不过早就分手了。实际上，我们有好长时间都没联系了。”

“那你杀死她的动机是什么？”

浜野哆嗦起来，大声说道：“你这是什么话，你凭什么说是我杀死了她？请你礼貌一些，否则我就要控告你！”

侦探笑笑，依然确信是浜野杀死了久美子。

请问，侦探为什么确信凶手就是浜野？他有什么证据吗？

侦探确信银簪发黑便是证据，浜野患皮肤病，在手上涂了硫黄药剂，而用涂药的手去握银簪时，就一定发生化学反应，这就是银簪的柄端发黑的原因。所以，杀人凶手正是浜野。

奥克塞突袭

奥克塞警方经过周密部署，于周三夜间突袭了一个被认为是恐怖分子基地的住宅。当特警们闯进住宅后，发现整座住宅空无一人，而且住宅的供电也被切断了。

特警们搜索了整栋房子，终于在一间密室里找到了恐怖分子留给他们的信息。那是一台屏幕翻开的笔记本电脑，亮着的屏幕上，恐怖分子在文本编辑器里留言，说他们已经动身离开这里了。警方的信息总是那么滞后，行动总是那么迟缓。落款是Z.R.，时间是三天前。

“看来我们又来晚了。”一名警察说。“不，我们来得还不晚。”队长纠正道。

为什么队长说他们没有来晚？

可以用假设推理来解决。假设显示屏上的信息是真的，那么恐怖分子确实在三天前就离开了。但任何一台普通的笔记本电脑，在工作状态下的持续供电时间也不可能有三天之久。因此，留言是为了误导警方而存在的，恐怖分子很可能是在最近几个小时内离开这里的。

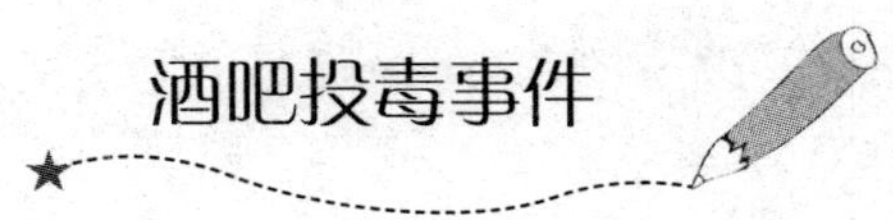

酒吧投毒事件

探长接到报警电话，说有人死在了一家酒吧的包厢里。经调查，死者名叫洛桑，当时他正在包厢里和另外三人饮酒，他们分别是约翰、杰克尔以及大卫。他们饮酒的时候，突然间停电了。酒吧侍者只好送来了蜡烛，他们又接着喝起来。几分钟后，洛桑痛苦地挣扎起来，很快就伏在桌上停止了呼吸。

探长发现，洛桑喝的啤酒中有烈性毒药，但包厢中的三人都说自己没有下毒。探长对他们进行检查发现，约翰携带的东西有香烟、火柴、感冒胶囊；杰克尔带有一个钱包，里面有1000美元，外加几张信用卡；大卫带有手表、手帕、口香糖、记事本、老式钢笔和几十美元。

看到三人的物品，罗林警探想了想，便很快指出了投毒者。

请问，探长是如何判断出凶手的呢？

很显然，凶手就在这三人之中，而最有嫌疑的便是大卫。不妨假设他就是凶手，那么他是如何投毒的呢？他的钢笔笔囊里面的墨水最有可能融入毒药，最后证明也是这样。原来，大卫知道了停电预告，事先在自己的钢笔墨水里面融入了毒药，在停电的时候趁机拿出钢笔，将里面的毒药挤入了死者的酒杯中。

女明星坠楼身亡

一位女明星坠楼身亡，娱乐界顿时一片哗然。女明星是自杀的吗？这种可能性很小，因为她正处于事业上升期，感情上也没有遭受什么波折，所以没有自杀的动机。然而警察在现场却又找不到任何他杀的证据。

法医对死者的尸体进行了检查，从女明星的体内检验出了某种麻醉品成分，这才追查到了女演员死亡的原因，随后找出了杀害女演员的凶手——她的经纪人。

请问，女明星是怎么被杀害的呢？

假设经纪人就是杀人凶手，然后进一步联想案发场景：经纪人将女演员麻醉，把她放到窗台上后就离开了。女演员从昏睡中醒来后，头脑还不是很清醒，以为自己睡在床上，便懒懒地翻了个身，因此不小心翻出了窗户，坠楼而死。

事实最终证明，她的经纪人的确就是杀人凶手，而其作案经过也基本与假设大致相同。

离奇的枪击案

伦敦发生了一起离奇的枪击案，死者是被子弹刺破心脏而死，整个现场血迹斑斑。死者身上有两处伤痕，一处在胸口，一处在大腿。另外，现场没有发现子弹头，但死者的伤口的确是子弹所伤。

事发时，房门反锁，门上没有破口，窗户也都没有破掉，于是警探基本排除凶手在房间里面作案的可能。

警探发现死者的房间对面是一座酒店，比死者所在的楼房高。死者房间窗户打开，在窗框上还发现有一个脚印，经过检查确定是死者自己的。死者的房间内有个播放机，死者死亡时正在播放健美体操曲。

警探去对面酒店调查，发现了一颗子弹壳，凶手应该就是在这里用枪射杀了死者。但是，为什么只有一颗子弹壳，而死者身上却有两处枪伤呢？最令人不解的是，在死者体内，居然没有发现子弹头。

请问，你知道这是怎么回事吗？

我们根据健美操曲子可以做出想象：死者当时正在做压腿的动作，而窗框上有死者的脚印，是死者把脚放在窗框上压腿所致。

这样一假设，我们就豁然开朗了——在压腿的时候，大腿内侧贴近心脏，子弹正好穿过大腿，然后进入心脏，给死者的身体造成了两处伤口。至于为什么在死者体内没有找到弹头，是因为凶手用的不是普通的子弹头，而是用跟死者相同血型的血液冷冻而成的子弹，射到死者体内便自动消失了。

肇事者的证词

一场大火之后，探长前去调查起火原因。经过几天的调查，最

后终于找到了纵火者，他就是约翰斯。

当探长问他是如何造成这场火灾时，约翰斯说："是我的错，我无意中制造了这场大火；当时我在炸油条，但是锅里一下着火了，我慌乱中把旁边的油当作水，一下子倒进了锅里。最后火势越来越猛，我来不及扑救，火苗就蔓延到屋外的荒草上，越烧越厉害了。"

探长并没有完全相信肇事者的话，他认为肇事者在叙说过程中有撒谎的迹象。于是探长严厉地说："约翰斯先生，你的证词并不属实，你想借此减轻罪行。"

请问，探长为何说肇事者的证词并不属实呢？

油锅里着火以后，着火面积是有限的。约翰斯把大量的油泼上去，火焰便与氧气隔绝，火就会被扑灭，而不是火势越来越猛，所以探长断定肇事者在撒谎。

偷走珠宝的强盗

这天夜里，警长接到报案，一位太太说半个小时前，自己的家中闯进了强盗，他们抢走了很多珠宝。

警察赶到现场后，立即展开了调查。太太告诉警长：“当时我正借着烛光看书，没想到突然闯进两个强盗，他们都戴着面罩，气势汹汹地问我把珠宝藏在哪儿了。我吓坏了，就告诉他们了。”

“你没有破坏现场吧？”

“没有，我知道保护现场。强盗走的时候，没有带上门，我也始终没有把它关上。”

警长看了看蜡烛，问道：“你是说，门一直开着？”

太太连连点头。

警长说：“强盗就是你吧？”

请问，警长为什么这么说呢？

如果门一直开着，那么烛液就会全部流向背离门的一侧。但是警长发现，现在烛液全部流向靠近门的一侧，这说明太太说了谎。

谁在绑架

冬日的一个中午，一位企业家来到情人的公寓里，却发现情人被捆绑在床上，她还哭诉说：“昨晚 11 点左右，我正要睡觉，一个蒙面歹徒突然闯了进来，将我捆绑后，把存折抢走了。”企业家环视房间，一切如旧，取暖的炉子上，一把水壶仍在冒着袅袅蒸汽。看到这里，企业家忍不住皱起眉头，因为他觉得情人欺骗了他。

请问，这位企业家为什么觉得情人欺骗了他？

取暖的水壶还在冒着热气，说明壶内还有水。如果昨晚情人就被绑住了，便没有人添水，那么水壶早就干了，所以情人说谎了。

奇妙的中毒

一个女人在她男朋友的寓所里被毒死了，而凶手正是她的男友。她的男友对她已经感到厌倦，无奈她一直不同意分手，这让他非常苦恼，该怎么才能摆脱呢？这天，女人又来到男人的寓所，男人又提出以后两人不要再见面，但是女人不同意。

男人调制了一杯冰爽威士忌苏打，自己先喝了一口，再把杯子递给女人。女人接过，慢慢地喝着剩下的半杯。但是，等女人喝完那半杯酒以后，立刻就中毒死了，而男人则一点事都没有。

请问，为什么男人喝了酒没事，而女人却会死呢？

我们可以先假设男人饮酒时，酒中无毒；而女人饮酒时，酒里含毒。那么男人是如何做到这一点的呢？

原来，他将毒药藏在了方形的冰块里，然后把有毒的冰块放到酒里面。男人自己先喝时，冰块尚未溶解，所以酒中无毒。但是，女人在后来慢慢喝酒的过程中，随着冰块渐渐融化，毒液就逐渐溶入酒中，因此女人就中毒而死了。

总裁遇害事件

一天清晨，刚刚下完大雨，警探就接到报案电话，报案者说他叫约翰·杰克，他的父亲死在了一辆汽车里。警探立刻带着助手赶往案发现场。

一辆黑色奔驰车停靠在公路旁，里面即是约翰·杰克的父亲，他是恒天建筑集团的总裁。法医鉴定，死者大约是在17个小时前被人枪杀的。

据约翰·杰克回忆，死者是在昨晚8点的时候离开家的，说要去会一个老朋友，但他开车离开后就再也没有回来。他说他在今天看到了父亲的车，结果发现父亲已经死了，于是就赶紧报了案。

警探发现车子停靠的路边有几棵小草被车胎压过，沾着泥倒伏在路边。警探掏出手铐，对约翰·杰克说："对不起，杰克先生，我怀疑你与本案有关，现在要你跟我到警局走一趟。"

请问，警探为什么认为杰克就是杀人凶手呢？

答案

警探假设约翰·杰克是杀父凶手，不是一点道理都没有的。

约翰·杰克谈起那个并不存在的父亲的老朋友，很有可能是转移视线；再者，他窥视公司总裁的位子已久，只是父亲不肯交给他，所以他有足够的杀人动机。

另外，死者是在17个小时前被人枪杀的，而在奔驰车压过的草上还沾有泥，说明死者是在死后被移尸的。综合来看，约翰·杰克是最大的嫌疑人，而最终一切水落石出以后，警探的假设得到了证实。

诡异的自杀事件

有人在郊外一栋别墅中发现了一具尸体，经证实，死者姓张，喉咙被利器割断。张某是一家民营企业的董事长，不过，近年来因经营不善，企业已经破产，而他本人也是债台高筑。

警方经过仔细调查，认为张某有自杀嫌疑，因为他死前不久购买了一份巨额意外险，或许他是为了让妻子获得一份巨额赔偿金。但是，若真是自杀，屋内应该留下刀片之类的利器。但是警察仔细找过后，并没有发现什么，不过倒是在窗户旁发现了一片羽毛。

请问，你能告诉警方这是怎么一回事吗？

我们不妨做个假设：现场有羽毛，那么鸟与这个案子是否有关系呢？确有关系！张某将刀片绑在鸟腿上，自杀后，鸟将刀片带出窗外，所以在屋内找不到凶器。

纪念碑杀人事件

雨后，哥特纪念碑下发生了一起枪击案。有人看见一个蒙面人用一把短枪杀死了弗朗西斯先生。警方了解到情况之后，循着犯罪动机的方向，锁定了两名嫌疑人。

第一名嫌疑人在调查中对警察说，他没有不在现场证明。因为当时他被雨后的彩虹迷住了。但看彩虹的同时他也被阳光刺伤了眼睛，因此一直坐在附近的长椅上恢复视力。

第二名嫌疑人也无法提出有效的不在现场证明。据他自己说，他也是看彩虹看呆了，结果没看路，走着走着被路基绊倒了。他脸上的这道伤口就是那时候留下来的。当然，警方并没有把他的伤口当作任何意义上的证据。

如果这两个人中必有一个是凶手，那么谁的嫌疑更大一些呢？

这是一个假设推理加自然常识的案例。首先，彩虹一定会形成在太阳相对于观测者来说的相反方向。因此，假设第一个人真的在看彩虹，那么他一定不会被阳光刺伤眼睛。这个说谎话的人，更可能是凶手。

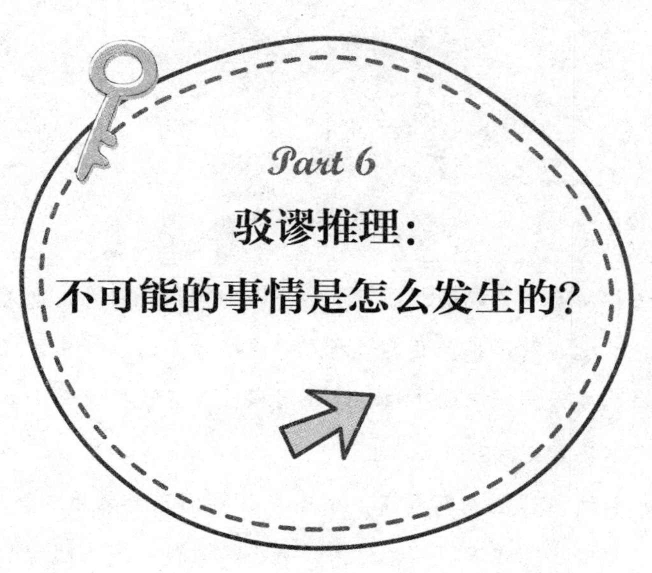

Part 6
驳谬推理：不可能的事情是怎么发生的？

去掉所有不可能的，剩下最后一个，哪怕再离奇，也是真正的真相，这就是驳谬推理的奥妙所在。在小朋友的生活中，经常会出现各种需要做出判断的事情，这个时候，到底选择哪一个才是正确的呢？这就需要运用驳谬推理了。

用驳谬推理去判断事情，小朋友需要揭开现象的不合理之处，把它驳斥回去。在下面的案件中，有很多案件是没有线索的，但没有线索却又有很多不合理的地方，找出这些不合理的地方，把它们一一排除，小朋友们就会渐渐领略到驳谬推理的神奇之处了。

离奇的作案手段

在20世纪的俄罗斯，曾经发生过一连串连环杀人案，但警察却一度束手无策。这是因为，他们找不到凶手的作案手段。每次到现场查探的时候，探长除了看到死者的头部插着一根铁条外，都不能在死者的身上找到任何指纹。那天，刚下过雨，地上的泥土很松软，但地上只留下了死者的鞋印，周围的20米内都没有发现任何其他人的足迹。总之，所有的现象都不能证明凶手出现过。从死者的衣着看来，除了倒地过程中产生的碰撞和死前挣扎的正常扭曲外，找不到挣扎或者搏斗的痕迹。

当时的警探们都很着急，看着受害者一个又一个地出现，而且这些受害者彼此之间没有什么关联，警探们因此连共同的犯罪动机都找不到。后来，当局起用了一位喜欢旅游的探长。这个探长去过欧亚非的许多国家，包括南欧的希腊、东亚的中国和日本这些国家。

这位探长再次探查了现场之后，带着人在命案现场200米范围内搜查，终于发现了凶手杀人的秘密。

那么，凶手是如何将铁条插进受害者的头内呢?

先前警察只是一味地在尸体周围找线索，这是错误的侦查方式。因为这种方式很片面，除了近距离杀伤，还可以远距离杀伤。警探到过中国和日本，熟悉弓箭的使用和威力，因此，很容易地运用了驳谬推理，沿着弓箭的方向推理，终于找到了罪犯躲藏的地点和犯罪的蛛丝马迹。

文书被盗事件

在日本海上，一名英国船长进行了一次简单的推理。

斯卡奇是一名 36 岁的船长，他的船从利物浦出发到横滨港，除了运送货物之外，还有一份正式文书需要他转交给当地的商社。由于文书比较重要，主人并没有通过国际邮递的方式邮寄，而是托他这个老朋友帮忙带去。显然，他知道斯卡奇是一个办事一丝不苟的人，一个谨慎的人。

不过现在斯卡奇却并不这么认为。因为，就在船刚进入日本海后的那个早晨，他在检查中发现，文书不见了。很显然，是船上有人拿走了文书。斯卡奇很明白，这文书其实不能带来一点利益，之所以被拿走，一定是下面的船员在向自己表达不满。因为他对船员的要求要明显比其他船长严格，不许喝酒、不许赌博还要每天操练。他知道属下对他不满已经不是一天两天了，但是没想到会在这个时候爆发出来。

不过，他也是一个强硬的人，绝对不会在此时妥协。他召集了所有船员，询问他们昨晚都和谁在一起，都做了些什么。在这些人中，曾经有过一段时间没有和别人在一起的，有大副、水手比尔、主厨和旗手。大副曾经独处是因为他的结婚戒指不知道什么时候掉了，他在到处寻找；水手是因为轮到他打扫甲板，这活是没人愿意陪他干的；厨师则是一个人在准备早餐；旗手半夜起来是因为进入日本海需要悬挂日本国旗。除了船长之外，所有船员都住在同一间屋子里，其他人都证实，这些人离开屋子后就再没回去过。

斯卡奇很快锁定了一个人，这个人是谁呢？

是旗手。因为别人都说他们四人出去之后再没有回去。其他三人要做的事也许需要花费这么多时间，但换面国旗是不应该出去就没再回房间的。所以，旗手一定是在做其他的事情。

被杀的车手

日本的北九州，发生了一起恶性杀人事件。一天早上，晨练的老人达也刚刚慢跑过村庄通往外界的木桥，就看到了一具死尸倒在路边，旁边还有一台翻了的摩托车。

惊惧的老人把常年慢跑积累出的素质发挥了出来，很快跑到了附近的警务所，把死人的事情告诉给了值班的警察。警察不敢怠慢，把事情报告给县中心

警局后就驱车赶往现场。不过他到这里也只是拍照，别的工作他也不敢乱做。要等到中心警局的同事来了之后，再一起开展工作。

很快，警车开到了这里。不过，村庄通往外界的路很窄，尤其是案发现场不远处的那座木桥，一次仅能容许一辆小车缓缓通过，让警察们花费了一点时间。不过他们的效率还是很高，很快来到了现场和当地警察会合。

现场虽然没有什么明显的关于凶手的线索，但是从死者查起还是很容易的。因为死者就是本村人山田。这一点随便在村里一打听谁都知道，本地警察也能作证，山田确实经常在夜里路上没人的时候，在村里这条主路上练习赛车。他还有一个伙伴，也是他的竞争

对手——三木。他们两人经常一起练车。不过前些日子三木在练习中受伤，现在就只有山田在练习了。他们两人的梦想都是代表本地区出赛。

为了详细了解山田的事情，警方造访了在家养伤的三木。三木的伤很重。因为他是在车速过快的情况下摔倒的，不仅伤了四肢，而且还造成脊柱异位，导致中枢神经不敏感，四肢协调性变差，可以说一生已与赛车无缘了。不过，三木看起来还是很乐观的。或者说，至少在警察说出山田已死的消息之前，他还是很乐观的。因为他一直认为山田的勇气虽然不如他，但技术方面还是很有天赋的。自己有伤不能参赛，但是山田勤加练习，一定能够取得名次。村里人也证实，山田和三木是好朋友，三木受伤后还特意送给山田一款加厚的头盔，以免他在练习中受伤。

不过，警方在得知三木送给山田头盔后，却对三木产生了怀疑。你知道这是为什么吗？

对于摩托车手来说，头盔的厚度并不是完全与安全形成正比的。因为厚的头盔虽然对头部的保护更为严密，但在剧烈的运动中却可能对颈椎造成较大的损伤。对这一点，三木应该再清楚不过。因此，警方对他产生了怀疑。后来证明，果然是三木在路上设下陷阱，本想让山田受伤，谁知山田车速太快，居然折断颈椎，直接死去了。

登山意外事件

园子、山村、木原和勇夫四个人是大学登山社的成员。他们几个人关系要好，经过商量，决定赴中国登山。

他们选择的是西部的祁连山脉。祁连山脉山峰众多，99% 尚未开发成景区，属于原始地貌。他们从本国把装备邮寄到甘肃，并从甘肃出发开始登山。刚开始的两天天气尚好，从第三天开始，山中开始下小雨。

四个人中，山村和木原是有经验的登山者，而园子和勇夫则刚刚加入登山社没多久。不过其实他们早就一同上学，只是园子和勇夫一直在谈恋爱，才没兴致和山村他们一起登山。不过几年过去了，他们的婚姻生活显得无聊，才又找到山村要加入登山社。因此，为了保障新人的安全，山村和木原分别带一个新人，避免两个新人一起走出问题。临分开前，山村还解下他舅父通过关系在杜邦公司拿到的定制绳，也是他用了多年的宝贝借给了勇夫。毕竟勇夫身高体重，又没有经验，因此他也很高兴地接下了这根“宝绳”。

就像当初在学校学习各种功课，乃至于在课下学习怎样讨园子欢心一样，勇夫的学习能力很强，很快学会了打各种绳结的方法和攀爬技巧。因此，木原就带着他爬得更快，也更高。但新手毕竟是新手，一次不小心，勇夫还是从高处坠落。本来木原并没有在意，因为山村的定制绳耐拉能力绝对是最强的，不可能出事。但不知道是不是因为木村身体太重，这根“宝绳”受到下降冲力的影响，拉长到一定程度的时候居然断了！勇夫也因此坠落到数百米之下的地方，毫无生还的可能。

警方也对此事立案侦查，但是无法找到足够的证据证明山村在绳子上做了手脚，因此最后也不了了之。但学校里却没有人愿意同山村来往了。这是否对山村很不公平？他哪里知道绳索会在那一次坠落中断掉呢？

其实登山社成员冷落山村也不是没有道理。不过这里面涉及一点专业知识。登山绳的冲击次数都是有限制的。越是高级的绳索耐冲击的次数就越多，而且也越容易精确地预计什么时候会断掉。绳索使用久了，使用者能感觉到绳索的寿命大概还有多少。这根绳索连一次冲击都耐受不住，要说山村没有感觉那是不可能的。因此，山村确实值得怀疑。不过这只是行内的共识，在法律上还成不了证据。因此，众人无法为难山村，只能对他敬而远之。

酒店劫案

科科夫报警说，他的酒店（当然是对外卖酒的，而不是供客人吃饭的那种）被抢劫了。而抢劫犯应该就是最近电视里被通缉的大盗龟兹。

警方到现场后，发现现场确实混乱不堪，像是被洗劫了的样子。整个房间唯一没有破碎的，似乎就只有房门里侧挂着的那面镜子了。不过他们还是照例询问了科科夫案发经过。按照科科夫的讲述，那天他正在正对房门的柜台上算账，一名暴徒走了进来。他一手举枪对准科科夫，另一只手带上了房门。他径直走到科科夫面前，打晕了后者。

等科科夫醒来，店里的账款和名酒都已经不见了。因为当暴徒在向他走来的时候，其后背的样子，刚好可以从房门里侧挂着的镜子上看到。在那里，科科夫看到这个人的背后有通缉令上所描述的特殊图案。

警方根据科科夫的描述，整理了一下思路，随后以诈骗赔偿的罪名逮捕了他。警方是如何得出科科夫在骗赔呢?

镜子确实可以反射光线，但是由于当时两个人和镜子都处在同一条直线上，科科夫的眼睛不可能接收到带有来人背后信息的光线。因此，他在说谎。警方利用驳谬推理的思路拆穿了科科夫的谎言。

布奇的借口

布奇刚刚上大学一年级，就结识了很多新异性。有了这些异性的陪伴，他渐渐地疏远了家乡的女友。女友珍蒂刚开始还相信布奇编造的一些谎言，后来也渐渐对他产生了怀疑。

珍蒂的父母也劝女儿和布奇分手，然后在上学的城市找一个新男朋友。谁知道过了一阵子，圣诞节刚过，从学校传来了女儿遇害的消息。珍蒂父母匆忙赶往女儿上学的城市，向当地警方透露了女儿之前的这段恋情。

于是警方辗转找到了布奇。但布奇说他当时参加了北极科考队，正在北极圈里忍饥挨冻，白天观测记录物候，晚上还要撰写报告。

然而，这个他自认为天衣无缝的借口，却被警方拆穿了。这是为什么呢？

这是驳谬推理的经典案例。太阳与地球的相对位置导致每年的圣诞节，北极圈里都将陷入极夜期，也就是没有白天，只有黑夜。因此，布奇的所谓白天观测，夜晚写报告的说法完全站不住脚。

汽车是谁的

拖车场有时会存放些无主的车辆，不时会有失主去认领。这次，来了两个人来认领同一辆小货车。

两个人手中的文书都显示他们的车确实是这样一辆小货车，但是由于货车没有牌照，又经过大修，文书上记载的信息已经全部失效。该如何确定车子的主人呢？

第一个人为了证明车子是自己的，就把车子主要配件的型号、产地都给了出来；第二个不甘示弱，把剩下的小件信息也给了出来。

第一个看对方要和他抢，更是火大，居然说出了所有有序列信息的配件的序列号，这下子第二个人没辙了。

于是，车场把车判给了第一个人。他们的做法正确吗？

这种主观臆断的做法本身就是不正规的。就算合乎规矩，车场的结论也是站不住脚的。车主知道自己汽车的配件型号、产地倒有可能，但谁会去刻意记住那么多配件的序列号呢？又不是什么名车。因此，第一个人作假的嫌疑很大。根据驳谬推理，反而第二个，也就是给不出序列号的那个人更有可能是车主。

书页里的秘密

第二次世界大战结束以后，国际格局发生了重大变化，当时最强大的两个国家就是苏联与美国。两国的政治关系非常紧张，甚至展开了长达数十年的冷战。

为了更多了解苏联的情况，美国派遣了大批间谍潜入苏联的重要部门，目的就是去盗取情报。

一天，一名美国间谍成功地进入到苏联的空军基地，盗取了一份有关苏联太空计划的资料。该资料十分重要，它详细介绍了苏联有关太空计划的一些数据以及具体的实施步骤。

第二天上午，资料被盗之事就被苏联方面知道了，于是军方立刻下令封锁整个莫斯科，要求任何出入莫斯科的人都要接受检查。无论是对于苏联，还是对于美国，被盗的那份资料都弥足珍贵。苏联军方决心要在最短的时间内查到间谍，并实施逮捕。

不久之后，苏联克洛勃在一个酒店的地下室里找到了这名间谍。经审问，间谍终于交代他把资料藏在了莫斯科一所大学的公共图书馆里的一本历史书中，并将其夹在了书中的第53页和第54页中间。他说还没有来得及将情报发给美国呢！

苏联克洛勃在公共图书馆找到了那本书，但打开书后发现上当了，原来这名间谍是在说谎。

请问，苏联克洛勃是怎么发现自己被美国间谍骗了的呢？

答案其实并不难：53和54页是同一张纸的两面，这样怎么能夹资料呢？幸运的是，苏联克洛勃没有先放了那名间谍，要不然损失就大了。

两个等火车的人

一位警官来到洛杉矶火车站，目的是来接一个案子的目击证人。天气热得离谱，火车站的人不是很多。警官看了一下表，离火车到站还差半个小时，于是就坐在出站口的茶餐厅里休息。

就在这个时候，一个人走了过来，坐到了警官的旁边，问道："警官来接人啊？"警官回头一看，原来此人正是他现在所要办的案子中的一个嫌疑人。警官回答说："是的，你也是来接人的？"

"是的，和你一样。"对方笑着说，"我蹲在这里好一会儿了。天这么热，要不要吃点冰棍啊。"说着，就把自己手中的冰棍递给了警官。

警官接过硬邦邦的冰棍，突然说道："你不是来接人的，你是刚刚下的前一列火车，对不对？你坐在这里和我聊天，目的就是要看看目击证人是谁，你说我说错没有？"

请问，警官为什么要这么说呢？

在如此炎热的天气里，如果冰棍儿是在外面买来的，那么

它早就应该化了。但是呢，警官接过的这根冰棍却是硬邦邦的，这就说明冰棍是从有空调的地方带出来的。而露天站台的茶餐厅是非常热的，也没有空调，只有火车上才有空调。

由此看来，嫌疑犯是刚刚下的火车，他也知道警官在火车站等的是一位重要的目击证人，因此，他便谎称也是来车站接人的，以便看看这位证人是谁、长什么模样，好及时采取应对措施。他却没想到，小小的一根冰棍儿却把他的真实目的暴露了。

不翼而飞的黄金

六月初的一天，王老板的金店里来了一对年轻人，一男一女，他们说要准备结婚，所以过来挑选几件黄金首饰。王老板见来了客人，心里当然开心了，所以让他们两人尽管挑选。

这两个年轻人穿着并不时髦，很难看出有钱人的模样，但是王老板相信人不可貌相，毕竟有人不愿意露富。两个人还随身带着很多东西，就说那个女的吧，她拎着两个保温瓶，他们在试戴间里足足待了两个小时，试戴了几件首饰，但最终一件也没买，这让王老板大失所望。

两人说，他们并没有看中任何一件首饰，就在他们即将走出店门时，店员突然意识到了什么，赶紧把这二人拦住，说道："你们试戴过的首饰，不再是黄金的了。"

王老板听闻，立即仔细察看了一番，果然发现原来的黄金首饰不见了，取而代之的是外表看上去像是黄金首饰的什物。王老板赶紧就报了警。

然而，警方赶来后，搜遍了这二人身上所有的东西，也没能找到丢失的金饰。

请问，你能猜出金饰的下落吗?

实际上，金饰就藏在那个装有"水"的保温瓶里面。原来，保温瓶里面装的并不是普通的水，而是一种化学药水，它最大的特点就是能将黄金化掉。等黄金化掉以后，再重新加入另一种药水，就可以将溶在其中的黄金提炼出来。这两个年轻人将黄金藏在了保温瓶里，然后换上了自己所带来的赝品。

大收藏家约翰

在纽约，约翰也算是一个大收藏家了，他尤其喜欢收藏油画。收藏家很有名，他的藏品也非常有名，包括许多毕加索的画。因此也是非常值钱的。既然值钱，那么就总会有人想方设法地盗窃。因此，约翰也对安防工作很重视，并有着一套行之有效的防范方法，虽然他的收藏对公众开放，但是一直没出过什么事情。

一天，约翰收到一封邮件说："我对约翰先生十分敬佩，对你的藏品也甚是喜欢，因此今晚将去你家'取'毕加索的画一幅，希望先生千万要看管好啊！"

约翰当晚就加派了人手以看守自己的收藏品，而且重点也是看管毕加索的画。第二天，约翰起来就打电话询问前一晚是否发生盗窃事件，但保安人员说一切正常，没有发生任何事情。约翰高兴地打开邮箱，想回复邮件嘲笑一下发信人，却看到了有一封新的邮件，还是那个人发的："毕加索的一幅画已经被拿走了，留个假的给你充充门面。"

约翰马上赶到收藏室，以他专业的眼光看来，果然有一幅毕加索作品在细节上与之前有了变化。约翰震怒了，他一边训斥保安人员，让他们扔掉赝品，一边向警局的熟人报案求助。

那么，窃贼是怎样神不知鬼不觉地偷盗名画的呢?

窃贼根本就没有进入收藏室偷窃。他只是在白天展览的时候，对名画做了些细微的更改，然后邮件通知约翰画被盗了。约翰情急之下去查看，看到画作有变化，就理所当然地认为确实被盗了。但实际上他让人扔掉的才是真正的画作。窃贼只要去捡回真正的画作就可以了。

机密资料外泄事件

ICM公司找到克罗尔金融侦探社，希望他们帮忙调查公司机密资料外泄的事件。克罗尔侦探社侦探派克受命参与调查。

实际上，资料外泄的第一发现者是一名秘书。她要去技术部的资料室拿一些文件。技术部的资料室与总资料室不同，它地处公司腹地，外面还有数层门禁，因此没有专门设立守卫人员。只要是有口令的人都可以进入。据这名秘书说，她刚进入资料室，就被迎面而来的一个人打昏，都来不及看清对方的样貌。当然，如果那人认为她看到了自己的样貌的话，也许秘书就不仅仅是晕倒那么简单了。

谨慎的派克又向该秘书直接负责的经理求证，是否真有资料需要取用。这名经理在ICM公司已经工作了10年，是一个值得信赖的老员工。他告诉派克，他确实让秘书去拿资料备用，顺便再给他带一杯咖啡回来。

派克在监控室里没有找到需要的录像，便回到资料室仔细寻找线索。在刚进门的矮柜子上，他看见了那杯咖啡，不过显然已经凉了。再前面，就是秘书被打昏倒下的位置，这几乎就在门前。整间资料室虽然不是很大，但也有很多资料架。很显然，想要在秘书进门的瞬间，从这堆资料架后面出来击昏秘书，是不太可能发生的；因此，派克推断，资料窃贼并不知道秘书要进来，就在他拿到资料刚要离开的时候，秘书开门进来了。这时候，他想藏起来已经来不及，只好将秘书打晕，并逃之夭夭。

那么，下面派克应该采取怎样的行动呢？

下面派克应该盘问秘书。虽然秘书声称她被打晕了什么都不知道，但是她显然知道些什么。证据就在于，矮柜子上的那杯咖啡。既然咖啡在柜子上放着，那就证明是有人把它放在那里的。而秘书说她刚进门就被打晕，连看对方样貌的时间都没有。她在这么短的瞬间，是不可能还去把杯子放在矮柜子上的。因此，通过咖啡杯，可以驳斥秘书的证词，这就是驳谬推理的过程。

失去目标的警探

一个身负枪伤的人跑进了一家医院。他对医生说："医生，我遇到警察在追一名犯罪分子。警察开枪射击罪犯的时候，罪犯刚好跑过我身边，我想躲开，却被一颗子弹打中了。请你快点帮我把背后的子弹取出来，救救我！"

医生帮他做了手术，把背后的子弹取了出来。来人换上了病服，刚要去住院，这时有警察押着一个人冲进病房。被押解的人指着穿着病服的人说："就是他，他才是逃犯。我早说了你们认错人了。我只是路过的。你们看，这个人的背后中枪，这就是他是逃犯的最好证明。你们真是，虽然他在逃跑的时候蒙着脸，你们也不会误认为我才是真凶吧？"

原来，警察在追凶的过程中混淆了目标。正当警察难于分辨，不知该如何是好的时候，了解到事情原委的医生说："这样啊。警官，我倒是认为我的病人不是逃犯，而您带来的这位才是逃犯。"

医生是如何得出这个结论的呢?

第二个人说罪犯是蒙着脸的，他也看不见罪犯的脸。因此他不可能一进病房就肯定地指出谁是罪犯。只有在他自己是蒙着脸而对方没有蒙脸的情况下，他才能清楚地看到对方的面容。这样的驳谬推理恰恰证明了他才是真正的罪犯。

别墅中的尸体

一栋别墅里发现了尸体，主人向警方报告。警方到现场后，别墅的主人立刻上前央求探长尽快破案，并诉苦说，他觉得这样的事件会危害他的人身安全。

探长让主人讲讲具体的情况。主人说，他一直在国外照顾父母，已经五年没有回到这里了。这次他回来拿东西，却在衣柜里发现了死者的尸体。

探长检查了衣柜，发现里面没有衣服，只有几粒樟脑丸，这让人觉得这里曾经放过衣服。“除了你之外，还有别人在这里住吗？”探长问别墅主人。那人表示他的家人全都在国外，这栋别墅一直空着。

探长想了想，问道："作为物证，我需要把这些樟脑丸的牌子和厂家记录下来。麻烦你提供一下这些信息。"主人四下找了找，找到一些没有使用过的樟脑丸，并把包装上的信息告诉了探长。探长似乎很不满，说他要的是衣柜里的樟脑丸的信息，而不是衣柜外其他的樟脑丸的信息。主人只好解释说，这些樟脑丸都是相同牌子相同型号的。探长扫了一眼，果然色泽和大小都与衣柜里的樟脑丸十分相似，便肯定地说："好的，我相信了。不过，你必须跟我们走，因为你有很大的嫌疑。"

探长为什么这么说呢？

如果别墅5年都没有人居住，而且衣柜里的衣服又很少，那么樟脑丸应该已经挥发了很多。可是当时衣柜里的樟脑丸和没有使用的樟脑丸大小基本一致，可以推断衣柜里面的那些一定是近期才放进去的，这就证明了主人在说谎，因此，他有作案的嫌疑。

复古收藏家的宝贝

法国是艺术之都，古典文化在这里仍然有着深厚的土壤。因此，当警方来到克拉克先生的复古收藏室，见到几十年前，甚至上百年前的家什的时候，他们并没有感到特别惊讶。

并且他们也没有心思惊讶。因为克拉克报失了价值几十万法郎的藏品。真正需要惊讶的，也许是为克拉克承担风险责任的保险公司吧。他们的业务员现在正在焦急地把情况报告给公司。

法国警察中不乏冷静机警的成员。其中一个警员问道："克拉克先生，您说您四个星期前去瑞士滑雪，直到今天才回来，是这样吗？""是的。正是这样。我一回来就发现有路易时期的藏品被盗，就赶忙联系了警方和保险公司。"克拉克说道。

"那么，既然如此，我想我已经得出了结论"，警察说道。不过，他说完却直勾勾地盯着克拉克看，众人鸦雀无声地盯着这两个人，屋子里安静下来，就只有墙上老式的发条钟还在"嘀嗒、嘀嗒"地响着。

那么，警察得出了什么结论，又是怎么得出的呢？

警方根据常识进行了驳谬推理。根据常识，老式发条钟四个星期没有上发条，一定已经不能工作了。但这个钟摆还在工作，就证明克拉克在撒谎。因为窃贼没有必要特意为发条钟上发条，就古董而言，能不能工作对其价值没什么影响，没必要为了验证钟能否工作而把自己置于险境。

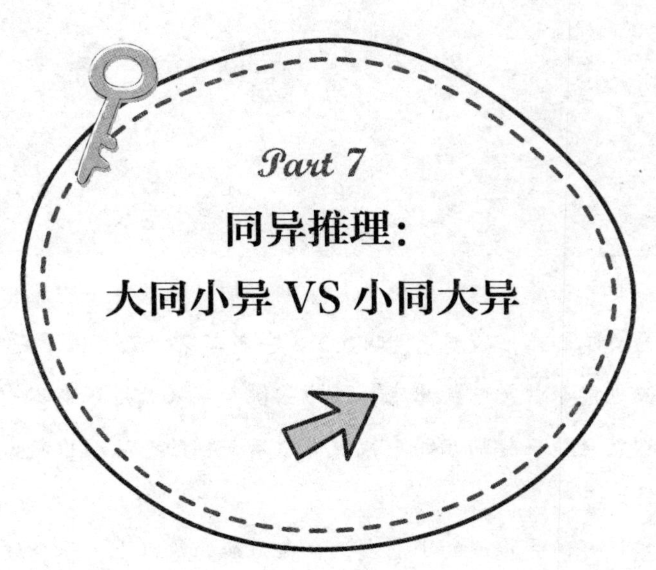

Part 7 同异推理：大同小异 VS 小同大异

一群鸭子中站着一只公鸡，小朋友们一眼就会把它找出来，这是因为公鸡和鸭子的差异太明显了。一筐苹果里面混进了一个核桃，小朋友也能很快把它挑出来，因为核桃和苹果长得根本不一样。同异推理就是从一样的东西中找出那个不一样的，从而推断出问题的真正结论。

掌握好同异推理的小朋友，会在归纳的基础上，学会该如何做出进一步的判断和选择，在下面，就让我们跟着福尔摩斯一起，采用同异推理的方法来解决这些谜案吧！

百密一疏的杀手

高一是刚从杀手学校里毕业的新人。他学习期间训练刻苦，凡事可以举一反三。在各种模拟行动中，他经常能用别人想不到的方法来达成目的，因此不仅提前毕业，而且一毕业就受到杀手组织的聘用，接手任务。

当然，人无完人，高一由于身手和头脑都十分出色，他对自己也是非常满意，觉得自己是天底下最优秀的杀手。知道他的同行都很反感他的自满，但是高一任务完成得行云流水，从不留一丝痕迹的高水平也让他们不得不承认，他是一个天生的杀手胚子。

不过，高一在最近一次杀人过程中却犯下了一个错误，导致任务并没有圆满完成。

事情是这样的：宋氏集团雇用杀手组织杀掉商场上的竞争对手，但必须让世人认为对方是自杀的，以免警方根据杀人动机追查到宋家。由于酬金丰厚，杀手组织对此行动十分重视，出动了已经是王牌杀手的高一。

高一一如既往地高效率地毒杀了目标，用电脑输出了一份遗书，打印在事先取得了死者亲笔署名的纸张上面，从而让遗书看起来是先输出，之后再亲笔签署的样子。这次，他同样没有忘记戴着手套打字，以免把自己的指纹留在键盘上。

但是，警方到场之后，却仍然对遗书的真实性产生了怀疑，并且追查到了宋氏集团。这是为什么呢？

高一遗漏了一个问题。那就是他在死者的电脑上打字，虽然戴了手套，不至于留下自己的指纹，却同时也擦除了死者的指纹。警方根据同异推理术，即一方面有遗书，另一方面却没有产生遗书的过程（没有打字痕迹），得出有人伪造自杀现场的结论。但高一没有留下任何可以追查到他的证据，警方只能根据犯罪动机追查到与死者有直接利益冲突的宋氏集团了。

水箱告诉侦探的事

侦探雷米在墨西哥是响当当的人物。警方有些破不了的案子都会找他来帮忙侦办。因此他和警方高层的关系是非常好的。那些低级警员在雷米面前也都是毕恭毕敬的。

这天，雷米驾车到美墨边境办案，办完之后，车子却坏了。他刚好看见附近有辆警方的巡逻车，就过去亮出身份，请求搭车。驾车的巡警开始不太情愿，不过后来也许是畏惧雷米的名头吧，就同意了。为了确保巡警不会带着他兜圈子，他还特意确认了对方返程的路线。当他知道巡逻车往返的路线一致，不可能为了他而改变之后，不得不接受了。不过车开出没多久，雷米就感觉上当了。原来这辆车也是坏的，隔一会儿就要给水箱重新加水，不然就会冒烟。按巡警的说法，这辆车就是这样的。要不是有紧急巡逻任务，他也不会临时开出来。他知道这车有这个毛病，就带了水上车。

果然，雷米看见车后座有个大水壶，本来是满的，等终于到了城区有车的地方，水壶里的水也用掉了三分之一。雷米赶紧道谢准备换车，一分钟也不想在这个破车里待了。不过就在他下车的一瞬间，仿佛随口地问了一句："伙计，凭我和最高署长的关系，你这次有什么重要任务应该可以跟我讲讲啊。"巡警先是愣了一下，随后笑笑说："能有什么任务，就是上面没事使唤我们瞎溜达。"

在确认了巡警没有特殊任务之后，雷米的态度马上变得严肃起来："既然这样，那么我现在怀疑你参与走私，你要待在原地不要动。"

雷米是怎么知道巡警有参与走私呢？

这个案子也可以按照同异推理的思路来得到结论。首先，巡警巡逻的路线是固定的，而且出警之前车子就已经坏了，那么往返的加水量应该是一致的；其次，车内只有一个水壶，这

个水壶本身是满的，在行驶过一次单程之后消耗了三分之一。也就是说，如果只有一个水壶的话，那么第一个单程并没有向水箱中加水，也就是说，巡警说的是假话。返程中需要加水，应该是水箱中的水量严重不足。那么，什么情况能导致水箱水量不足呢？很可能水箱中的水被有体积的物品替代了，而这种替代发生在国境这里，走私的可能性就非常大了。

冒牌货

戴维是个侦探。他因为与黑势力斗争被撞伤了头部，虽然捡回一条命，却暂时失去了记忆。不过当地的医院倒是很负责，把他太太叫来，让她把丈夫领回家。

回到家以后，妻子拿出戴维的日记给他看。戴维从里面看出自己对妻子非常地疼爱，同时妻子也非常关心他，爱护他。因此，尽管对周遭的一切都很陌生，戴维还是接受了他失忆的事实。他吻了妻子的脸颊，对她表达了歉意，并说有什么家务都可以让他来做。不过妻子显然没有打算让他做这些琐事。她尽全力让丈夫恢复记忆。方法就是带丈夫去一些地方。事实上，尽管戴维认为这些地方都很陌生，但是他仍然全力去回忆着，因此弄得非常疲惫。尤其是最近几天，戴维由于休息不好，白天去外面寻找记忆的时候出现了头痛欲裂的状况。但尽管如此，妻子仍然没有放弃，她不断地鼓励丈夫去回忆，戴维头痛了就给他吃一些止痛药。

可是，就在戴维的记忆刚刚开始恢复的时候，联邦侦探把戴维的妻子抓走了，报案人正是戴维。这是为什么呢？

这里面，戴维很明显地运用了同异推理术。当然，我们首先要明确的是，戴维虽然失忆，却并没有失去思考能力。他在思考能力方面，还是一个过人的侦探。他罗列了两个信息：第一个，从日记中可以看出妻子很疼爱他；第二个，妻子让他在头疼欲裂的情况下，喝止痛水继续回忆。这两个信息很明显是矛盾的。疼爱他的妻子不可能不关心他的身体，只是让他尽快恢复记忆。其中第二个信息是他切身感受到的，因此他以此为依据推理出这个女人并不是自己的真正妻子，于是报警。后来他从警方处找到自己的真实身份和真实的妻子，并逐渐恢复了记忆。并证明这个女人是敌对集团的人，想要从他口中得到他们所关心的秘密。

好人劫持事件

富商李克是一个地地道道的工作狂。他从年少时期开始独立打拼，直到50多岁了还一丝不苟地奋战在商海的第一线，常常是过家门而不入，可以算是把所有精力都奉献给了事业。因此，他拥有了庞大的家业，但也忽视了家人的感受。

但这次他再也无法继续忽视下去了。因为他的儿子被人绑架了。他最疼自己的这个儿子，儿子向他要什么他都给，儿子打架什么的，出了事他也都帮儿子摆平。因此，李公子不仅长得牛高马大，而且桀骜不驯，凡事不管不顾，经常言语不和一冲动就跟人动手。这也是让李克头疼的一点。不过尽管如此，他对儿子的爱意从没有一丝削弱。

警方到场后，找到了目击者。据目击者称，李公子从某酒楼出来的时候，一辆面包车在他身边停下，从车上下来几个拿着刀棍的人。其中拿刀的用刀逼住李公子的脖子，拿棍子的在旁边威吓，李公子不得不跟他们上了车。警方随即开始调查，李克也放下手边所有的事情，一心一意地等待警方的消息。

另一件让他很奇怪的事情是，他高薪聘请来的私人顾问，在以往他们遇到再大风浪的时候，都能立即拿出一套完整的方案来让他参考，这次却全都推给了警方，自己完全置身事外。难道，顾问就那么信任警方吗？

顾问不是信任警方，而是信任李公子和李家人。这个案例可以按照同异推理的方式来进行分析。首先，李公子是个鲁莽的青年，经常和人打架；其次，对方劫持他的时候，很明显知道他的行踪，也就是说对李公子有足够的了解。因此，他们不可能不知道李公子的个性，很可能驱使他“为自由而战”。但他们劫持李公子的时候，却只用了刀棍，并且劫持过程中并没有对李公子做任何实质性的伤害。他们完全可以有人逼住李公子，其他人用棍子把李公子打晕，之后安全地绑上车，但他们没有这么做。另一方面，李公子也非常意外地没有动手，做了一回乖乖男。这两方人物的行为都与通常情况不同，让人联想到他们之间很可能是有默契的，李公子确信对方不会伤害自己，因此才没有动手。换言之，顾问觉得这是李家内部让李克放下手中工作回到家中的一场闹剧，所以根本就没必要拿出什么解决方案。

夜色中的凶手

金森投资公司的老板被杀了。这是一家不显山不露水的公司，按照该国税制，这个公司的纳税额也很小，但这丝毫不能妨碍创建这家公司的老板拥有帝王一般的奢华生活。不过，就在这位投资帝王来公司加班处理事务的时候，却被外部闯入的人枪杀了。

对于此人是如何闯入公司，并似乎以无人觉察的方式来到老板办公室的这些问题，该公司的安全总监面对警方不知如何解释。公司的内部安保被认为非常健全，可对方还是进来了。是的，对方一定是外部的人。因为有限的几次摄像头拍摄证明，这个人是在进入大厅 10 分钟后来到老板办公室门前的。

警方只好放弃这些细节，直接进行搜捕。金森公司的安保系统虽然没能保住老板的性命，却至少保证了能够在第一时间让警察到场。因此，警方相信凶手还未跑远。更巧的是，他们还没有追出多久，居然有社区警察提交了一个嫌疑人给他们。

事情是这样的：这个社区警察正在附近巡逻，却见一个青年向远方跑去，并不时地回头张望。当巡警拦住他，问他这么晚了，从哪里来，到哪里去时，青年更加慌张了。就在这时，巡警接到了呼叫中心的通知，让所有附近的警员注意可疑人物，于是他就把这个青年带到了指挥中心。可恨的是，青年为了逃脱，还和巡警进行了一番较量。还好附近的巡警及时赶到，联合制服了青年。

警方随即把青年的形象和录像结果进行比对。可是拍摄到凶手的都是备用摄像系统，凶手奇迹般地躲开了所有主摄像系统，造成了录像效果非常差，无法确认是否就是该青年。而此青年承认，他今天确实是到金森公司捣乱的，因为金森公司让他破了产。不过他只是用棒球棒砸了金森的大门，并向里面的安保人员示威，看到有人追出来就跑掉了，并没有进去杀人。

那么，这个青年到底是不是凶手呢？

这个青年很明显不是凶手。这里可以用同异推理来进行分析，因为有两个证据分别指向了不同的方向。第一，凶手能够绕过多重监控系统杀人，很明显是个中高手；第二，青年在被巡警发现时神情紧张。这两种态度和能力，明显不是同一个人应该具有的。因此，凶手和青年非同一个人。

昂贵的过路费

鲁克探长千里追踪，费尽周折，终于从边境地区抓捕到了逃亡近两年的杀人要犯。但他付出的代价也是惨重的：身上穿的是猎人穿剩下的破衣服，全身多处受伤一直没能痊愈，全身上下的警械就只剩下手铐。他用这把手铐把自己和罪犯的手铐在了一起。

当然，罪犯还是更惨一些，肋骨断了两根，虽然有些复原，但是根本不能剧烈活动。就在他们要接近首府区域的时候，却遇上了一伙强盗。鲁克当然知道强盗最恨警察，而这些边境强盗都是杀人不眨眼的人物，让他们知道自己是警察，根本就别想活命。因此，他直接打晕了罪犯，向这些强盗解释说，和自己铐在一起的这个人是警察，想要抓自己回去。还好刚才这个警察分心，被他制服了。

鲁克常年和强盗打交道，知道他们的行话习惯，他自信可以瞒过对方。但是强盗的首领看看鲁克和对方铐在一起的左手，再看了看鲁克装出的急切和讨好的神情，还是开枪杀死了鲁克，而留下了那名罪犯。

首领为什么要杀鲁克呢？他看出鲁克是警察了吗？

答案

是的。首领看出了鲁克的身份。这里可以用同异推理来得出结论。首先，首领知道，只有在两个人中间有一个是警察的情况下，才会用手铐控制对方。因此，鲁克和罪犯中必有一个是警察。其次，当一个人要把自己和对方铐在一起的时候，尤其是当对方还是自己的敌人时，不得不通过自己的身体来限制对方活动的情况下，人们都会用自己相对更无力的左手来控制对方更有力量的右手，从而解放更有力的右手来面对对方可能的攻击。因此，右手被限制的，才是真正的罪犯。

无奈的警察

警方在一次突击检查中，在高速公路入口处堵截到一辆可疑的轿车。轿车上有三名男子，全都是外省人。重点是，他们随身携带的旅行包中，装有大量有价证券。经过警方调查，这些有价证券的所有者并不是这三名男子，他们便以涉嫌盗窃的罪名将这些人带回了警局。

警方随即开始对他们进行审讯。但这三人坚称这些有价证券都是朋友送的。警方认为这是在侮辱他们的智商，想不出这些人怎么会编造出这种马上就会被拆穿的谎言。他们当即打电话联系了其中一份证券的所有人，他被确认为一名银行高管。当警察问起对方是不是真的把证券送给了外省的朋友，这名高管却给予了肯定的回答。不信邪的警察又相继联系了剩下的十几份有价证券的主人，没想到对方的答案却惊人地一致：是他们自愿把这些有价证券送给这三个人的。

警察彻底晕了。这三个人到底是什么来历？居然让这么多人心甘情愿地把价值不菲的证券赠送给他们？难不成他们靠放贷为生，这次来本省的目的就是追讨借款？不过，这些证券的总价倒也不是特别高，也就几百万。收账的解释倒也说得过去。

那么，怎么办，放了这三个人吗？

这个案子可以用同异推理术来解决。一方面我们知道，同时从各行各业的人士手中获赠这么多的有价证券，是一件很难相信的事情；另一方面，很多人出于各自的目的帮嫌疑人圆谎倒是有可能。因此，推理得出，这些有价证券的主人其实是在帮嫌疑人说谎。而这又是为什么呢？后来警方经过调查得知，原来这些人的有价证券都不是用正道来的钱购买的，他们希望此事尽快了结，不要扯到他们头上，因此才会替嫌疑人圆谎。

无人接收的巨款

方瑞的儿子被绑架了。绑匪需要他向指定的地址寄送一个包裹，把现金放在包裹里，以这种方式交易。但方瑞担心对方拿了钱还不放人，就在筹钱的同时也报了警。而警方通过调查发现，对方提供的地址是不存在的。既然这样，凯瑞的现金将要寄到哪里呢？

不信邪的警官白强干脆以警察的身份，寸步不离地跟踪这个包裹。从邮递员收集包裹，到邮局分派运输，一直到目标城市重新按区域分组，派给当地的邮递员。白强跟踪了整整一路，已经是精疲力竭。他和邮递员聊着天，抱怨着这该死的绑匪。邮递员则总是无奈地看着他，偶尔劝一劝。

但后来白强实在是太累了，完全跟不上邮递员的脚步。邮递员走两步还要等等他："这不是影响我工作嘛，"邮递员也郁闷了，他说，"我去给你买瓶红牛吧，鼓舞一下你的干劲。"白强想了想，递给邮递员 10 元钱——总不能让邮递员兄弟出钱吧？

可是这次邮递员去了很久，一直都没有回来。这是怎么回事呢？白强猛地一惊：难道是被绑匪劫持了？这很有可能。自己之前一直和邮递员在一起，绑匪没机会下手，于是趁邮递员单独行动的时候绑架了他，这太有可能了。白强把这边的情况向警局报告了一下，就去找邮递员了。

你觉得邮递员出事了吗？他还活着吗？

很显然邮递员还活着，而且会活得很好。这里面需要用同异推理来弄清楚事情的原委。首先，现金包裹一定是被绑匪取得了，他们也正是准备在邮寄的过程中下手。一方面，绑匪是一定要取得包裹的；另一方面；白强到后来连邮递员的脚步都跟不上了，根本不会对绑匪的抢夺造成任何威胁，他们却仍然不来抢，这只能说明他们认为没必要来抢。为什么没必要抢呢？只有一个解释，那就是，邮递员会自己给他们送过去。而地址本身是错误的，邮递员还能送达，就只能说明邮递员就是绑匪中的一员。

简明证据遗书

奥朗德科尔被发现死在了地下室里，右太阳穴中弹，鲜血直流。

漆黑的手枪掉在脚边，被头上昏暗的白炽灯照射着，微微烘托出了一种恐怖的，让人窒息的气氛。死者的右手中还捏着签字笔，手下压着刚刚写好的遗书。遗书的内容无非就是忏悔自己有罪，曾经让一家人蒙冤受屈，替他受过，希望法官看到遗书内容之后，释放那家人，之前那桩案子真正的凶手在这里自杀谢罪了云云。

原来事情是这样的。来调查的警长也听说过那起案件，后来被判有罪的嫌犯从始至终都不肯承认自己曾经犯罪的事实。看来，他真的是被冤枉的。

那么，司法人员该释放这个被冤枉的人吗？

不该。因为奥朗德科尔的自杀本身就不成立。这里可以用同异推理来分析。首先，科尔是自杀的；其次，他的右手中还握着签字笔。可是如果他先开枪杀了自己，就不可能再去握笔；一旦他握着笔写遗书，又怎么可能用右手拿枪射杀自己呢？因此，这明显是凶手伪造的自杀现场，其目的很有可能是想帮监狱里的那个人脱罪。

失踪地点案

马丁、布林和森德尔三人是合租的室友，他们共同租住在矮橡树街 12 号。社区警察对他们三人再熟悉不过。因为他们同是轮滑迷和电脑游戏的骨灰级玩家。正是由于志趣相投，三人才干脆搬到一起居住，而且相交甚欢。

但很显然这里出了问题。因为马丁已经失踪了三个星期，他的母亲从家里赶来，并要求警察处理此事。据警察调查得知，三周前，这几名青年一起去了拉斯维加斯。但布林和森德尔供称，马丁是和他们一起驾车回来的，只是后来又出门了，并再也没有回来过。可马丁的母亲却不这么认为。她怀疑儿子根本就是在拉斯维加斯失踪的，而布林和森德尔则出于某种原因隐瞒了此事，并做了伪证。

双方各执一词，争执不休。警方遂对该住所进行全面搜查。结果他们发现除了洗手间和厨房脏乱得像地狱，和各人的房间有着天壤之别以外，并没有发现任何不寻常的地方。而且两青年表示三人的关系亲如兄弟，如果马丁真是在拉斯维加斯失踪的，他们绝不会撇下他不管。

你觉得马丁是在哪里失踪的呢？

如果三人关系确实如同亲兄弟一般，彼此相亲相爱，不可能各人自扫门前雪，只把自己的屋子打扫干净，而把厨房和洗手间弄得一团糟。通过同异推理，警方认为他们的关系其实很一般，自私心一直存在。在这种情况下，两人撇下马丁在拉斯维加斯就很正常了。

不靠谱的证人

出租司机嘉伦被怀疑参与了一起谋杀案。但是他提出了警方无法批驳的证据。下午 5 点钟左右，警方在嘉伦住处外面堵到了开车回来的他。除了警方，还有欢迎嘉伦回来的他 6 岁的儿子。嘉伦亲亲儿子，就来到警察面前，而他的孩子则爬到车头上坐下，在那里玩耍。

据嘉伦讲，他从早上到现在几乎一直在车上。因为昨天他在附近城市居住的儿时伙伴来了，今天他送伙伴回去。那座城市离这里要五六个小时的路程，他送对方到那里就马上回来了，而在没有停留的情况下，他还是将近晚上才到家。

警方打电话向嘉伦的伙伴求证，对方声称嘉伦确实花了一上午的时间送他回去。那么，嘉伦真的可以洗清嫌疑了吗？

答案

我们可以用同异推理来解决这个案件。首先，嘉伦送伙伴回去，花了一整天的时间，中途没有停留，因此，长时间的运行将使发动机乃至于整个车头都发出了大量的热；其次，嘉伦6岁的孩子正坐在车头上若无其事地玩耍，似乎丝毫没有觉得屁股下面有过热的感觉。而这两者明明就是矛盾的。矛盾的事物中，车头不热是事实，因此，那些不是事实的，就算听起来再真实，也都是虚假的。也就是说，嘉伦所谓的伙伴帮他作了伪证，嘉伦确实是杀人凶手。而他的车也是刚刚从附近开回来的，而不是跑了一整天。

高速公路追尾事件

西岭高速公路上发生了一起严重追尾事件。一辆凌志小客车以超过150千米/小时的速度追尾了一辆停在路边检修的福特小轿车，后

车司机当时就从车窗里弹射了出来，飞撞到路旁，毫无生还的可能。

交警老王到场后，先是确认了死者的身份，之后再次仔细地查看了一下两车的损伤。前车主人当时刚好跑到别处去找帮助，所以人不在，没有受伤；而后车除了驾驶员外，没有发现任何人。驾驶员很明显没绑安全带，驾驶座处有不少血迹。

老王随即叫了刑警兄弟到场。这样一起追尾事故也要刑警出场吗？

老王通过同异推理得出了这并不是一起单纯的追尾事故的结论。首先，追尾时后车驾驶员瞬间飞出车窗外，就算中间有磕碰，人体组织也根本没有时间流那么多血在驾驶座处；其次，驾驶座处确实有不少血迹。从而得出驾驶员在追尾前可能已经受了重伤，甚至已经死亡的结论。在这种情况下，当然就要叫刑警来处理了。

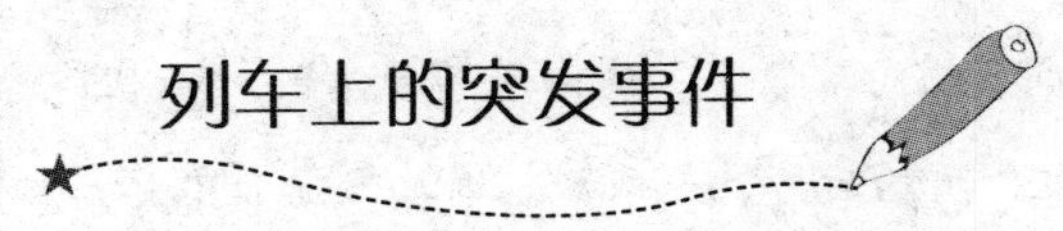

列车上的突发事件

安保公司租赁了火车的一节车厢，用来押运即将被销毁的钞票。

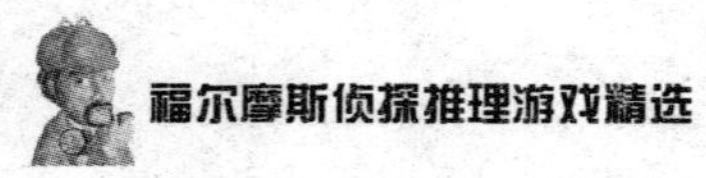

负责押运的是费舍尔和他的搭档们。

时间过得很快，中午的时候，大家需要去餐车吃饭，留下费舍尔值班。可当他们回来的时候，却发现费舍尔被绑在一边，而钞票已经不见了。他们撕下费舍尔嘴上的胶带，后者向他们描述了发生的情况。

当大多数人都离开车厢去吃饭之后，费舍尔突然听到两声很低的敲门声，他没有理会；之后又有三声很大的敲门声，他就去开门，结果被人用枪指住了。后来，费舍尔不甘心钱被抢走，曾大声呼喊求助，结果由于列车行进速度太快，振动声音太大，没有人听到。总之，钱是被劫走了。

押运队的队长想了想，先在车厢里大喊，再去确认了一下外面的乘客是否有听到叫声，当得到否定答案后，就出去找了乘警，把费舍尔抓了起来。这是为什么？

队长认为费舍尔有监守自盗的嫌疑。他的推理中包含了同异推理术的部分。他是这样想的：首先，列车声音太大，以至于外面都听不到里面尽力地嘶喊；另一方面，费舍尔却说他听到两声很低的敲门声，这两者是矛盾的。而且前者是事实，因此与之矛盾的后者就是假话。因此，费舍尔有重大嫌疑。

荧光的闹钟

大侦探茅斯经常与恶势力集团做斗争，所以惹恼了这些人。这次，他们雇用了炸弹杀手，在茅斯家中装炸弹，企图炸死茅斯。炸弹杀手趁茅斯外出，来到茅斯的卧室，没敢开灯，但用了专门的集光灯寻找合适的目标。他发现床头柜上有一只大闹钟。这只闹钟造型别致，上面还有斑斓的色彩，其中的荧光材料让闹钟显得更加好看。杀手深知，这种外表过于花哨的物品，往往都是人们最不常关注的。于是他在集光灯的照耀下，把塑胶炸弹装在了闹钟后面。

茅斯很快回来了。当时间到了午夜 2 点。杀手预设的爆炸时间到了，在附近潜伏的他却没有听到爆炸声。正当他奇怪地暗自琢磨的时候，突然被人用枪指住。当他被带上车的时候，才发现对方是警察，自己已经被捕了。

那么，茅斯是如何发现炸弹，并通知警察抓捕炸弹杀手的呢？

问题处在那只闹钟上。荧光物质的特性就是经过光照后，在一定时间内持续发光。而闹钟经过集光灯的照射，荧光物质

的发光可以轻松持续到茅斯回到卧室。但从太阳下山到茅斯回来，荧光物质的储备能量应该已经消散完毕了，这时荧光物质本不该发光了。茅斯通过荧光物质发光的同异推理，得出刚刚曾有人进入他的卧室的结论，并重点查看了闹钟，找到了炸弹。他认为罪犯很可能会在附近蹲守，因此报警抓人。

会叫的长颈鹿

动物园发生了一起凶杀案。死者的尸体倒在大型食草动物区附近。警方在控制了现场之后，在周围巡逻了一番。结果发现一个鬼鬼祟祟的人，在那里张望。

精明的警察很快意识到问题所在，把这人控制住，进行了盘问。

“你在这里干什么？”

“我来逛动物园啊。”

“一个人来逛动物园？”

“嗯。我喜欢动物，这也不行吗？”

“那你为什么来这里，你喜欢食草动物吗？”

“不喜欢，不过我听到长颈鹿在叫，我觉得它可能是饿了，就想来喂喂它们。”

听到这里，警方更加深了对这人的怀疑。

警方又发现什么线索了吗？

这个案例涉及一个事实和一个推理。事实就是，长颈鹿是不会叫的，它们没有声带。推理是一个简单的同异推理：长颈鹿没有声带，无法发声，因此是不可能叫出声来的。但这个人却说他听到了长颈鹿的叫声，因此他明显是在编造谎言。警方就是根据这样的推理，加深了对他的怀疑。

Part 8
逆向推理：把事情倒过来看会怎样

小朋友掉进了水缸里，想要拯救小朋友，就要把他从水缸里拉出来，这是每个人都知道的事情。但是，如果没法做到这些，小朋友该怎样才能得救呢？司马光用了另一个办法，就是把缸砸碎，这就是逆向思维。

当我们遇到让人很头痛的问题而束手无策的时候，如果还是按照以前的思路走下去，最后多半是白费力气。这个时候，如果转换思路，另辟蹊径，往往能找到问题的突破口，这就是逆向推理。今天，让我们通过下面这些案件来考一考小朋友们，看一看，你到底有没有逆向推理的能力。

死亡时间的推断

市立医院的一名护士被发现死在自己的家中。当然，人们发现这件事已经是几天后了。因为管理人员发现莉蒂已经一周没有上班，就按照地址去她的住所查看情况。当警方破门而入之后，发现一把厨房刀具插在这名叫作莉蒂·安的护士胸部。

根据尸体腐败的程度，法医推断死者应死于三天前。确定了死亡时间之后，警方就开始筛查有作案动机和条件的人。应该说，这起案件的案情还是相当明了的。很快有人向警方爆料说，死者曾透露，她发现了本院医生安德鲁利用职务之便出售违禁药品的劣迹，并考虑告发。因此，警方合理推断，这个安德鲁医生很可能获悉了此事，并对莉蒂灭口。

但是，接下来的调查中，警方发现安德鲁在案发时间有确定无疑的不在现场证明。因为他当时接了几台手术任务，一直在医院中不曾离开。鉴于手术工作的特殊性，他想找替身的可能性是不存在的。那么，难道凶手真的另有其人？警方开始新一轮的调查。

这时，尸体已经送入冷柜等待火化。警方再次来到案发现场，仔细搜索每一个角落，寻找可能存在的证据。在护士的工作箱中，警员发现了听诊器、急救包和体温计等物品。警员取出这些物品的时候，不下心掉落了体温计。捡起来之后，他们发现，虽然表面看不出碎裂，但是似乎已经被他们摔坏了，因为上面的温度指示是50摄氏度。

在这次搜查中，警方找到什么有用的线索了吗?

答案

他们找到线索了。线索就是被“摔坏”了的体温计。因为体温计没有碎裂，内部压强没有发生变化，因此刻度不应升高，只可能下降。也就是说，温度计在掉落之前，其刻度应大于等于50摄氏度。这已经超过了人体体温的正常值。依据逆向推理的方式，推测是什么造成了体温计读数升高。警方认为工作箱乃至于整间屋子的温度曾经超过了50摄氏度。而高温环境下，尸体腐败加快。所以，死者的死亡时间应比之前推断的要晚。根据重新推断的死亡时间，就能推翻安德鲁的不在现场证明了。

失意的画家

斯特朗是一个不温不火的画师。在艺术家遍地的意大利，他的

作品能让他小有名气，但直到他七十大寿，仍然无法让他真正成名。

在他过 70 岁生日的时候，他曾经教过的几个徒弟来看望他，他们分别是杰克、麦克和杜尔。杰克已经不做画师好多年了，他现在经营着一家面包店，生意还是很不错的。麦克和杜尔仍然从事着画师的工作。尤其是麦克，已经在众多的画师中崭露头角，渐渐成名，正在成为一个真正意义上的画家。无论是通俗的还是专业的评论，都对他的绘画风格加以褒奖，认为他的作品开创了一种新的意境。不过，这也是尤其让老画师伤心的地方。因为麦克面对外界，从未提到他的老师是自己，就好像他很介意有着斯特朗这样一个默默无名的老师一样。至于杜尔，是最近才拜斯特朗为师的，目前仍未出师，因此总是对老师毕恭毕敬的，虽然他也知道斯特朗并不是很喜欢他。

考虑到这些因素，斯特朗的家人就很容易理解，为什么三位徒弟来看望他，他却把自己独自一个人关在画室里面不出来了。斯特朗夫人担负起招待客人的责任，她甚至还亲自出门去挑选新鲜的食材，准备烹饪出丰盛的餐食对客人表示欢迎。

餐食很快准备好了。夫人去画室请斯特朗用餐。三个徒弟则在餐厅等候。很快，三人听到一声惊恐的尖叫。原来，夫人发现，画室里面鲜血横流，画师右手握着工具刀，划破了左臂的动脉，已经死去了。但是她向后来的警方表达了她的感叹。因为画师年事已高，右手已经瘫痪一段时间了，这时却用右手划伤左手，看来丈夫的个性还是那么不服输。而丈夫之所以自杀，也许就是气不过徒弟比他有名吧。

但警方却不这么认为。他们说斯特朗是被谋杀的，而且凶手就在三名徒弟中间。那么，三人中谁是凶手呢？

凶手很明显是行凶后再伪装成自杀现场。至于谁是凶手，则可以循着逆向推理的思路来寻找答案。斯特朗的右手已经瘫痪一段时间了，因此仍然把现场整理成右手拿刀的形式的人，应该是不知道他右手瘫痪的徒弟，也就是杰克或者麦克。那么杰克和麦克谁又是凶手呢？还是根据逆向推理，杀人必须要有动机，这动机就是老师损害了自己的利益。麦克已经出名，应该感谢老师而不是杀死他；那么，最有可能杀害老师的就只有杰克了。根据这个思路，警察重点调查了杰克，后来发现他是因为老师对他不好，才不得不转行开面包店的。

查无此票

大收藏家富林在拍卖会上抢到了一枚价值十几万美元的邮票。但他这天是一个人来的拍卖会，并没有保镖跟随。于是有人开始打

起了他这邮票的主意。暴徒在会场外等着富林，准备上去抢了邮票就跑。可是富林没有直接出来，而是先去了一趟洗手间，出来后准备通过地下车库离开。

凶徒很快意识到这是一个好机会。地下车库人很少，在那里抢邮票甚至可能没人发现他。于是，他跟踪富林来到了车库，并在左右无人的情况下打昏了富林。可是富林的提包里并没有邮票，他全身上下的邮票就只有一枚，那就是他上衣口袋里邀请函上的那一枚纪念邮票，凶徒瞥了一眼，那枚邮票最多可以卖到 50 美分。不过他认为，富林一定是把贵重的邮票藏在了包里，于是拿了包跑掉了。

后来凶徒被捕，罪名是抢劫，要进监狱服刑。而他抢到的包里，所有物品加在一起的价值还不到 20 美元，他可算是倒了大霉。更令他吐血的是，富林告诉他，他自己扔掉了那十几万美元。

这是为什么呢？

这个案例我们还是用逆向推理的方式来解决。首先，已知的是凶徒自己扔掉了十几万美元；其次，他已经拿走了包，那么他扔掉的十几万美元在哪里呢？这就要看他曾经扔掉了什么。他唯一扔掉的是富林口袋里的邀请函。可是，邀请函上面的邮票是普通邮票，怎么会价值十几万美元呢？只能是那里确实有值钱的东西，但凶徒没看到。为什么没看到呢？因为真正的珍品邮票被普通邮票盖在下面，一起贴在了邀请函上。

深夜枪声

柯林斯社区昨晚发生了一起枪击事件。当然，开枪的劳伦斯正在警局向警方爆料呢。他是开了枪，但是他为什么会开枪呢？因为对方试图对劳伦斯的住宅纵火。事实上，在劳伦斯开枪之前，对方已经在劳伦斯的住宅附近泼洒了大量汽油，无奈被劳伦斯撞见，才功亏一篑，又在逃跑的过程中挨了劳伦斯一枪。

不过劳伦斯当然也不想打死人，其实他甚至没有瞄向这个纵火犯。他只是想打中那人跑过的地面，吓唬吓唬他。不过他不明白是自己的枪法变差了，还是对方跑得比想象的要慢，总之，他的子弹居然打中了对方的右腿。因为他借着月光看到那人的右腿弯了一下，然后重心不稳导致全身倒地。只是那人好像还很坚强，很快爬起来又跑掉了。

根据劳伦斯的报告，警方很快找出了这个纵火犯。他们是怎样在如此短的时间内做到的呢？

警方迅速破案的例子还真少呢。不过这次，他们的想象力

帮了大忙。他们的推理是逆向形式的。首先，他们知道纵火犯被子弹打中右腿，但是爬起来又跑掉了。也就是说这个人的右腿被打伤，却对他的行动能力几乎没有影响。那么，什么样的人才可能在右腿中枪的情况下行动不受限呢？那就是右腿没有感觉的人。在这里，占最大比例的就是右腿为假肢的人。警方利用这条线索很容易地在社区里有限的假肢使用者中找到了纵火犯。

眼镜背后

记者米罗是个彬彬有礼，且正义感极强的新闻人。人们都很熟悉他的形象：一天到晚戴着黑边眼镜，总是风尘仆仆的身影，似有精光流转的眼神。不过，由于对一起政治黑幕进行了深入的曝光，米罗被杀害在自己的浴室中，可以确定，他是在洗浴的时候突然遭到毒手的。

由于该国警方已经不能完全信任，报社雇用了独立侦探加西亚。加西亚接手案件的时候，警察已经把现场破坏得一团糟，他找不到任何有用的线索。不过不知道是不是他们在拿加西亚寻开心，居然交给他一件现场出现的“物证”：米罗的眼镜。从警方来到现场第一时间拍摄的照片看来，米罗被杀时，手里还捏着这副眼镜。不过，警方显然没有从眼镜上找到任何线索，否则即使是做样子，也不会把它交给加西亚了。

但加西亚凭借他的聪明才智，还是在眼镜上找到了线索，挖出了凶手。他是怎样做到的呢？

在这里我们还是用逆向推理来解决。首先，我们知道加西亚确实从眼镜上找到了线索，因此眼镜上一定有与凶手有关的信息。但是这种信息却没有被警方检测出来，而警方的检测技术绝对是一流的。这就说明，这种信息并不是技术性的，而是意识性的。换言之，这种信息在表面上是不存在的，需要以另外一种眼光，或者经过一种处理才看得到。但是突然遇袭的米罗不会有时间对眼镜动手脚。加西亚直截了当地用还原犯罪现场的方法打开淋浴，并把眼镜放在现场。在雾气逐渐爬上眼镜的玻璃镜片的时候，镜片上用手指勾画出的文字就显现了出来。

突然到访

距离博物馆失窃案已经一个多月了，警方终于找到了一些线索。

荒古分局的警察没有预先通知，就来到他们认为是犯罪嫌疑人的陈鹏家里。事实上，他们正是想通过这种突然袭击的方式，让对方没有准备，从而露出马脚——警方目前还没有掌握足够的证据。

果然，陈鹏看到十几个严肃的警察突然到访，吓得语无伦次。队长对这种效果十分满意，于是接着问案发当天陈鹏在哪里。陈鹏先是说在朋友家里，但后来改口说是陪儿子在公园，再后面又说是在上班。这几次的改口，后来又都被他自己推翻。陈鹏前后矛盾的说法更加深了警方对他的怀疑，因此把他带回了看守所。

警方的处理是否有些武断呢?

警方认为陈鹏说话内容的前后矛盾，说明他在编造谎言，只是由于警察的突然到访而没能编圆满。但前后矛盾的内容也可以有不同的原因。一个人的说法前后矛盾，是他没有想好的原因，而没有想好是因为时间仓促。那么时间为什么会仓促呢？因为警方的突然到访，让陈鹏很紧张。人一紧张思路就会迟钝，这样本来够用的思考时间就显得不足了。警方一厢情愿地认为这是陈鹏编造谎言的结果，却没有利用逆向推理仔细地推敲一下。

证据是猫

亨特被指帮助偷盗团伙逃跑，但他无论如何都不承认。当日下雨，外面路面泥泞，警方想通过亨特的车来确认，却发现除了一只猫盘踞在车前盖上睡觉之外，车库里白色的车身居然一尘不染，而且很干燥，真的不像刚刚开回来的。

那么，亨特就不是嫌犯了？

答案

并非如此。这里可以用逆向推理来说明。首先，猫盘踞在前盖上睡觉。猫一般都在相对暖和、安全的地方睡觉。车前盖一定算不上安全，所以猫去那里睡觉一定是因为那里暖和。而停在车库里的车，并没有受到阳光的照射，想暖和就一定是因为引擎发热。而引擎发热的程度高到能加热前盖，就说明汽车一定长时间运行过，这就说明亨特白天确实可能帮盗贼团伙逃跑。

惯盗庞为在偷盗珠宝时不小心被安保发现，后者及时启动应急装置，用防弹玻璃罩把庞为关了起来，然后就跑去报警了。谁知他回来的时候防弹玻璃罩已碎，庞为也逃之夭夭。

已知庞为并没有带枪，那他是怎么逃跑的呢？

这是一个逆向推理的案例。防弹玻璃罩已碎，一定是庞为找到了破坏玻璃的工具。什么工具能够破坏防弹玻璃呢？一定是硬度足够的事物。这个事物是什么呢？就是珠宝店的钻石了。庞为用珠宝店的钻石破坏了珠宝店的防护罩，算是以子之矛，攻子之盾了。

醉汉归家

莫罗被指称故意伤害，尽管是在酒后失态下。不过他并没有被当场抓到。事实上，人们只在现场捡到一张钞票，而钞票上可以检测到莫罗的指纹。

但第二天上午，清醒后的莫罗供称，他当晚确实在自然花酒馆喝酒，但他随后就回到家中睡觉，第二天则直接去公司上班站岗，中间绝对没有去别处惹事。至于现场的钞票，也可能是伤者的。因为伤者当晚也去了同一家酒馆，不排除莫罗的酒钱被收银员找给伤者的可能。

考虑到这一层，警方确实无法落案。因此他们只能马不停蹄地继续调查。而既然莫罗称自己喝过酒就回家睡觉了，那么警方就希望能够从他的住所寻找有价值的线索。不过，结果却让他们大失所望。床上是有莫罗的毛发，但这并不能说明他前一晚回来睡过。被褥上散发着薰衣草的清香，这正是每天下午来这里负责清洁的小时工的杰作。

请问，如何才能知道莫罗前一晚是否曾回家住过呢？

床褥散发着清香，证明前夜睡过的人体味很轻。但嫌疑人喝得大醉才回去，不可能不在床褥上沾上酒气。因此，警方认为嫌疑人前夜未回家睡觉。

女演员之死

晚上，探长刚下班回到家，就又接到了报警电话。报案者说有一名女演员突然死亡，请探长尽快赶往现场调查。

探长挂了电话后，便马上往案发现场赶去。当他到达案发现场的时候，发现死者的尸体正躺在地上，嘴角处有白沫。受害者是一位很有名气的演员，名字叫洛丽塔。

探长找来了演出负责人，向他询问案发时的情况。负责人忙说："洛丽塔女士正在参加演出，她表演完一个节目后，便喝了一瓶冰水，好准备下一个节目的演出。可是，谁知道她突然口吐白沫，竟然死去了。"

后经化验得知，洛丽塔喝的那瓶水和水瓶本身都没有毒，而且洛丽塔小姐吃的食物也都没毒。探长沉思了许久，后来看了看死者脸上那浓厚的舞台装，若有所悟，说道：“我知道谁是凶手了。”

请问，洛丽塔是怎么死的？

死者口吐白沫，说明很有可能是被毒死的。既然案件已经锁定为中毒而死，那么就应该先知道毒药在哪里。一般人认为，毒药应该是在食物或者水里。但是经过检查，探长并没有在食物或者水里发现毒药。

实际上，不是所有的中毒都是通过食物或者水的。根据破案的丰富经验，探长猜测毒药有可能是从皮肤的毛孔进入皮肤里面的。果然不出所料，当他看到死者脸上那浓厚的舞台装时，便肯定了自己的想法。

凶手是死者的化妆师，他在帮她化妆时，把药物涂在了她的皮肤上。第一场表演后，洛丽塔之所以没有出现中毒的症状，是因为药物还没有渗透进皮肤里面；第一场演出完了之后，洛丽塔脸上的毒药已经渗透到皮肤里面，所以她就中毒死亡了。

爱的杀意

管理员在一间租用车库里，发现一男一女两具尸体。警务探长接到报案后，立刻赶往案发地点。

警方根据法医知识，初步估计死亡时间为前一晚的午夜。这两个人死在后座椅上。警方没有发现任何打斗的痕迹。据报案者称，他们最初发现死者的时候，车窗是紧闭的；当他们砸开车窗救人的时候，车内的空调也还开着。

从两人表情看来，似乎并没有死亡的痛苦。经过一系列调查确认，探长得知这二人是一对情侣。双方家长都不知道自己的孩子已经外出，这证明他们俩是偷偷跑出来的。因为双方家长都反对他们交往，他们常常这样偷偷地约会。

那么，是谁杀害了这对情侣呢？

杀害这对情侣的凶手是汽车本身。汽车为了维持空调运转，需要一直开着发动机，燃烧汽油作为能源。在封闭的租用车库里，汽油的燃烧产物无法排除到外界，最终充满了整间车库和车内空间。汽油的燃烧产物有一氧化碳也有二氧化碳。一氧化碳可以直接使人血液中毒，丧失携氧能力；而二氧化碳浓度过高，使空气中的氧气成分降低，也不利于人体摄取氧气。氧气的减少，让他们的体力迅速地消耗掉，耗尽了体力的他们自然会很快睡着，但睡着之后继续吸入更多的有毒废气，最终导致他们缺氧而死。

指定蛋糕毒杀事件

埃文被邀请参加哥哥米尔的迁居家宴。不过让他无奈的是，哥哥迟迟没有出现。不仅如此，哥哥的新居居然没有任何食品，他从上午10点一直到下午3点都只有饮料喝。据说，米尔是被卖家具的公司缠住了，一会儿一定会回来，埃文只好就这样等下去了。

终于，下午3点15分，哥哥米尔和嫂嫂一起回来了。怕埃文饿坏了，嫂嫂把买来的环形蛋糕切了一下，就端上来让大家先吃点。然后她就转身去准备正餐。可是没等她把食材准备好，只听客厅一阵嘈杂，弟弟埃文吃了蛋糕之后居然中毒了！他们赶紧打电话叫救护车，但当救护车到达的时候，埃文的心脏已经停止了跳动。

警方很快介入调查。是的，是嫂嫂凯瑟琳买的蛋糕，蛋糕也是她切的。但是为什么哥哥米尔吃了没事，而弟弟埃文却被毒死了呢？况且凯瑟琳自己也吃了，她下毒的话，难道不怕把自己也毒死吗？警方检查了剩下的5块蛋糕，里面都没有检测出有毒成分。据凯瑟琳说，她把环形蛋糕平均分成了8等份拿给众人吃。她知道埃文最喜欢吃甜食，也最饿，所以先给埃文端过去，让埃文先拿，之后米尔才拿的。但是，埃文是在8块相同大小、相同外观，并且平放在盘子里的蛋糕中自己选的，虽然不清楚为什么那块蛋糕有毒，但是她绝没有想要谋杀埃文，因为她无法让埃文确定地吃那一块蛋糕。

警方开始也是这样认为的。那么，是谁下的毒？既然不是定向谋杀，难道是外人想毒死这其中的任何一人就算达到目的？

这是一起无固定目标的杀人事件吗？

通过逆向推理可知，毒杀并不一定是无固定目标的。因为凯瑟琳可以通过各种方式让埃文拿其中特定的一块。比如，她可以把盘子举到一定的高度，让埃文只方便拿到与自己最接近的那一块；或者她可以利用人眼的视觉差，及人们比较大小时的本能习惯——以不同事物相邻的两条边来进行比较。她把分开的扇形蛋糕纵向排列，使两块蛋糕的长弧和短弧相邻，饥饿的埃文很自然地会拿看起来长弧最大的那一块。

独特的视角

一天清晨，布奇一家还在睡梦之中，就被响亮的枪声惊醒。除此之外，还有各种嘈杂的喧闹声和令人恐怖的嘶喊。布奇紧张地爬起来到大门前。不过冬天为了保暖，他在家里大门外又加上了一层老式木门，这让他无法通过门镜看到外面的情况。

于是他小心翼翼地打开里侧的门，通过外侧门的钥匙孔向外看去。原来，邻居皮隆家里遭到了歹徒的洗劫，也许是仇人吧，布奇想。在这段过程中，他看到了一些人的长相，不过都是一闪而过，毕竟细长钥匙孔的水平视野很小，且两间住宅的距离又很近。

后来，贼人离开了，紧接着，警方到场。在布奇向警方描述了贼人的长相之后，警方做了模拟画像给他看，他认为画得很像。可是，警方利用这画像找人时却很久没有进展。于是，警长再次找到布奇，让他仔细地重述一遍当时的情况。当他听到布奇是通过钥匙孔，看到快速走动的凶徒长相的时候，表示问询已经结束，便离开了。

后来，警方修改了画像，很快找到了凶手。那么，警方是怎么修改的画像，为什么要修改画像呢？

这里使用一下逆向推理。首先，我们知道警察是听到布奇通过钥匙孔看到凶徒的事实后回去修改画像的，也就是说警方认为这种视角下，画像与真人是不同的。那么为什么不同呢，就要涉及人眼和光学原理了。从实际角度来看，纵向狭长孔下的光源会变得更为细长，警方需要相应地把画像变“胖”。

浑身浴血的客人

桑德斯是个嗜血杀人狂。在他被关进犹他重犯监狱之前，曾经闹出个大笑话来。事情是这样的：一次，桑德斯一伙和仇家火拼，桑德斯杀了不少人，浑身上下都是血，连他自己都分不清这些血有多少是别人的，有多少是自己的。

等火拼告一段落，桑德斯也精疲力竭。虽然他也不想，不过身体开始渐渐不听他的使唤，他跌跌撞撞地来到一栋大别墅门前。他靠在门上想歇息一下，没想到门没有关，也没有锁，直接被他靠开了。而他进入的是一个有着“各色人等”的会场。一瞬间，所有人的目光都聚焦在他的身上，桑德斯当然知道自己现在是什么形象。他心里想，完了。

可是，这些人居然没有把他交给警察，而是热情地款待了他。你知道这是为什么吗？难不成这些人都是他的同伙？

这个案例很有特点。在有些摸不着头脑的时候，最好还是遵循逆向推理的方式来分析。首先，我们知道他们没有举报桑德斯，而是款待了他。这代表他们认为桑德斯不仅不会带给他们伤害，甚至还会带给他们好处。可是桑德斯的形象怎么可能会带给他们好处呢？一个浑身浴血的形象会在什么情况下受到欢迎呢？很明显，在现实生活中是不行的，只有在虚拟的，别人作为看客的情况下才有可能受到欢迎。也就是说，这时的桑德斯被人们误以为是一个演员了。但是很难想象这些人刚好就在期待一个浑身浴血的演员，事实上他们应该只是在期待一个演员，至于他是什么形象，连他们也不清楚，这才是合理的解释。而那么多人聚在一起等待一个不知道什么样子的形象，这是一种什么集会呢？——化装舞会。

丢失的古董

曼哈顿的冬天很冷。

罗林警探最近又忙起来了，几天前他接到保险公司的委托，前去调查一起神秘的古董丢失案件。罗林警探仔细翻阅了保险公司所提供的材料，根据材料，警探知道丢失的是一件中国宋代的古董，极为珍贵。古董的主人是一位收藏家，他曾为这件古董买了巨额的保险金。

罗林警探前往收藏家的住所进行现场勘察，并询问情况。收藏家说道："昨天晚上我一个人在家，忽然间家里断电了。我觉得无聊，就和一个朋友相约出门了。直到今天早上才回来，回来之后我就请电工修好了线路。"稍作停顿，收藏家又补充说："修好线路之后，我就发现我的那件古董不见了。我一直把它放在我卧室里面。"

罗林警探看着收藏家，询问道："没有发现有什么可疑迹象吗？"

收藏家回答："没有。"

这个时候，罗林警探忽然看到了收藏家的鱼缸，便随口说了一句题外话："你的热带鱼很漂亮。"

收藏家说道："我的爱好很多，养热带鱼就是其中之一。"

"这么冷的天，你的热带鱼都没有死，恐怕你还有更大的麻烦

呢。”

请问，罗林警探对收藏家为什么会这样说呢？

冬天的曼哈顿很冷，一旦停电，室内温度就会降低；收藏家说自己家断电，那么室内的温度一定是很低的，至少不足以支持热带鱼生存所需要的温度。然而，收藏夹的热带鱼并没有死亡，这就说明，室内温度并不太低，因此，收藏家说家里停了一夜的电必定是在说谎。在处理这件案子上，逆向思维得到了充分运用。

Part 9

形神推理：别人的脸上写着“字”

有的小朋友说谎，会被人一眼就看透，因为他脸红红，头还低着，说话结结巴巴，连眼睛都不敢和我们直视，这说明他心虚，所以，他在说谎。

从言语上，我们不知道小朋友到底是否说话，但是从他的行为和神态上，我们就能够得出结论，这就是形神推理。

形神推理最重要的是懂得观察他人，小朋友们要知道，别人的一举一动都隐藏着很多秘密，揭开这些秘密的钥匙，就在掌握了形神推理的小朋友的手中。今天，让我们通过形神推理，结合下面的案件，仔细观察嫌疑人的表情，从而得到最后的真相。

谁在说谎

警长肯迪面临着一个考验。三个身份高贵的人涉嫌借职务之便窃取了一项机密信息。这三人中，一个是前法官，一个是现任议员，还有一个是大企业家，他们在当地都有着某些不成文的特权，警局无法对三个人先行逮捕并做深入调查，但不做调查又无法甄别出谁的嫌疑最大。该案件的调查就这样陷入了僵局。

这天，肯迪正为此伤神，警校刚毕业的拉姆斯过来对肯迪说，他可以试一试在不进行深入询问的情况下判断哪个人的嫌疑最大。肯迪本不相信这个菜鸟，但是他自己又没办法，只好带拉姆斯一起去。

他们先后循例问询了三个犯罪嫌疑人，拉姆斯的问题只有一个：让他们讲述他们基于正当理由进入机密场所之后都做了哪些事情。这种随便就可以应付过去的问题，嫌疑人当然不会放在眼里。但是在嫌疑人回答时，拉姆斯却似乎很认真地听，至少表面上他一直注视着讲述中的嫌疑人。

问询很快结束了。肯迪面带嘲笑地对拉姆斯说：“你倒是挺能装模作样的，你问的那些问题根本没有实质作用，这种问询简直就是浪费时间！”

拉姆斯摇了摇头："我建议对议员做深入调查，他的嫌疑最大。"

肯迪搞不懂，三个人讲话的内容完全没有漏洞，拉姆斯为什么单独怀疑议员呢？

拉姆斯是利用了人说谎时的本能动作来洞察人心。据研究显示，绝大部分人在"编造"情节的时候眼睛会不由自主地向右上方看。拉姆斯关注嫌疑人，并不是在听，而是在看谁的眼睛向右上方看，谁的嫌疑就最大。他正是看到了议员的眼球运动，才认为他的嫌疑最大。

怕撞的男人

巡警帕雷丁在街边休息，不过他的脑子却闲不下来。他是想起了警局交代给巡警的附加任务：留意前阵子从医院逃跑了的劫匪。话说这名劫匪比较倒霉，为了躲避警察的追捕，慌忙之中被飞驰而来的汽车撞到，还没进监狱就先进了医院。

"不过，也许正是有赖于此吧，他才找到机会跑掉了。"帕雷丁想。这时，他注意到一个举止奇怪的男人。这个人中等身材，穿着也很普通，但他有一个特点，就是总在避免和对面走来的行人擦肩而过。也就是说，他看见对面有人走来，即便是撞不到自己，也会先侧身退到一边，等对方走过去了，才继续前进。

帕雷丁心中好笑，起了好奇心，一直跟在男子的后面。他发现这个人有一个特点，无论多么绕远，他都不会走反向的人行道，也就是人流方向和相邻的机动车方向相反的人行道。

帕雷丁心中一动，突然把这个人和跑掉的劫匪联系了起来。他为什么会从产生这样的想法呢？

这个人不敢和对面走来的人和驶来的车辆相撞的行为特点，可以依照形神推理推出他之前被撞伤过，尤其是近期的撞伤记忆，更可能导致这种行为。这让帕雷丁想起了那名被撞伤入院的劫匪。结果，还真被他猜对了。

凯文是一个侦探爱好者。他受邀参加一个侦探迷团体的聚会。

这场聚会在当地著名的饭店举行，具体地点是302号豪华包房。他已经不是第一次和这些朋友聚会了，因此非常兴奋地前往。

当他从楼梯间走向302房的时候，迎面走过来一大群人，男男女女都有，也是说说笑笑的，看来也是来这里举行宴会活动的。而且他们似乎是一个更加紧密的团体，因为他们的服装都是统一的黄色防水布做成的，还都戴有一顶连衣的帽子。凯文看见他们最终进入了312房间。

凯文没想太多，径直走进302房和朋友们开始联欢。不知道是不是饮料喝得太多了，他很想上厕所，就和一个朋友一起去了。刚好在去往厕所的途中，又看到了刚才进入312房的那些人中的一个。他们黄色的连帽衣服很特别，不过这个人低着头戴着墨镜，还把黄帽子也罩上了，在与凯文他们擦肩而过的时候又是脸朝外，侧身过去的，因此凯文并没有看清他的具体模样。不过，他们俩也没在意，去完洗手间直接又回去高谈阔论了。

过了一段时间，他们都听见走廊中传来尖叫声。在这方面非常敏感的他们意识到可能有案件发生，就都出来看个究竟。他们了解后得知，原来男洗手间发现了一具尸体，死因是被利器刺穿肺部，而这个人，也是穿黄衣服的！

警察到来后，对312房间里的人们做了调查，但是当时人们都在狂欢，没有人注意到谁什么时间出去过，因此调查进行得并不顺利。凯文知道后，提供了一个重要的线索用于排除嫌疑人。

他提供了什么线索呢？

凯文告诉警察，凶手很可能是女人。这是因为在曾经擦肩而过的时候，对方采用的是向外侧身的方式通过，这是女人在保护自己胸部的明显信号。

阳光下的尸体

巴贝斯因为投资失败一直郁郁寡欢，因此当他被人发现死于自己的书房，旁边掉落的手枪上沾有他一个人的指纹，且书案上还放有他的亲笔遗书的时候，没有人感到意外，人们有的只是惋惜。

警方在邻居报告有枪响之后迅速到场，探长刘易斯进行了例行调查，准备撰写报告后离去。他觉得死者的死有些奇怪。巴贝斯最心爱的办公桌靠在窗台下面，充沛的阳光透过没有遮挡的玻璃窗洒进室内，应该说，如果没有尸体的存在，这里是个极度温馨的居所。另外，死者是背靠着桌案自杀的，椅子已经拉出一段距离，很显然他曾经或曾经准备坐在上面；原本放置在书案上的风扇倒霉地被向后倒下的尸体撞下桌面，摔在地上，连插头都被连带着扯了下来。

刘易斯摇了摇头，叹息着写了自杀报告。你认为他的判断是否足够正确，是否经得起推敲？

答案

这个案子应该说还是有疑点的。这里需要用到形神推理。人在自杀的时候无论如何都会感到恐怖，消除内心恐怖的最好方式就是沐浴在阳光之下。另外，相对站着自杀而言，坐着开枪对于自杀者而言要容易得多，毕竟那个时候人会紧张得发抖，能不能站得住还不一定。而巴贝斯却刚好相反，采取背对着阳光，站立着背靠桌子开枪，而不是坐在正对着阳光的椅子上，这不符合人将要自杀的心态。因此，这个案子虽然不能排除自杀的可能，但是他杀并伪造自杀现场的可能性也是非常大的。

目光杀人案

曾经有过这样一个离奇的事件：一个在公司里受尽了气的男人乘电梯回家。和他同乘的还有一位年迈的老者。电梯的录像显示，年轻人一直盯着老者看，老者也在看年轻人。很快老人倒了下去，后来被确认心脏病发死亡。

从录像看来，人们认为是年轻人通过某种手段杀死了老者。很有可能是他惊吓到了老者，因为老者的心脏一直都很孱弱。不过，录像里年轻人根本没有靠近过老人，似乎也没有说什么，更不用说做什么动作。难道，只是看一看就会吓死人吗？

这个案例可以根据形神推理来进行分析。年轻人在公司里受尽了气，就会一直回忆受气的情形，同时在表情上就会显得很严肃很恐怖，像是要杀人的样子。人的眼球会随着头脑运转方式的不同有不同的朝向。刚巧他回想的时候，眼神的朝向指向了老人这一边。老人正是看到了年轻人凶狠的表情和眼神，以为是针对自己的，才会被吓得心脏病发作。

新药实验

人们常听说某国监狱的黑暗。这里常常发生有背景的势力拿犯人当试验品的事情。这次，有几个刚进来的犯人碰上了这种倒霉事。

事情是这样的。一家制药公司号称研发出了一种测谎药物，当人们服下这种药物之后，从表情上就能看出他们是否撒谎。狱友之间早就流传有这样的药物了，可是一直没有人服用过。这次，几个新近被关进来的犯人被要求服下这种药物。

选这几个犯人当试验品，是因为他们都喊冤枉。上层被他们吵得不耐烦，便允许制药公司来拿他们做实验了。他们也知道有这种药物的存在，想到第二天就要服药，所有人都辗转难眠。

服药时间很快到了。药物监理人员在狱警的陪同下观察犯人服药后的反应。而在场的所有人都明确地感觉到了药物所带来的神奇效果：有一部分犯人镇定自若，坦然地正视前方；另外一部分则急于观察别人的反应。后来证明，前者都是无辜的，而后者都是有罪的。

真的有这么神奇的药物吗？

这并不是什么神奇的药物，只是一种心理手段而已。这里有一个形神推理的过程。犯人都认为这药是有效的，因此无罪的人认为自己很快就会被证明无罪，所以无所畏惧；而有罪的人则认为自己很可能被发现有罪，因此想观察一下别人，看看情况如何。药物本身并没有任何效果，但结果是忠奸立辨。

露馅的客气男

孙平是个很礼貌，很懂得为别人着想的人，和他打过交道的人不管嘴上说不说，对他的评价都很高，都认为他是个诚实可靠的小伙子。

这天，他在户外休闲区小坐的时候，发现广场对面的座位上放着一个黑色公文包。但从他开始坐下来休息，一直到准备离开，都一直没有人来取走这个包。也许是有人忘在这里的，他想。于是，他过去拿了包，准备交到大厅接待处。

但在好奇心的驱使之下，他还是打开了公文包。他发现里面是一份珍贵的技术资料。孙平不是一个贪财的人，尽管他知道绝对有人肯花大价钱来收购它。但他恰恰是一个技术痴迷者，资料中新颖的思路和精确的数据让他爱不释手，他实在不想就这样交还出去。于是，他把公文包放在自己的储物柜里，准备晚上带回家里去。

可是，不知是不是有人看到他拿走了公文包，公关部里孙平最心仪的刘小姐居然找到了他，向他询问，是否看到了一个公文包放在休闲广场那里。

孙平违心地说没有看到，毕竟美女对他来说就好像天上的人物，是可望而不可即的；相对的，资料和演算才是他最亲密的伙伴。因此，他带着歉意否认了。

不知是什么原因，刘小姐似乎看出了他在说谎，见软的不行，就搬出法律条文，公司制度乃至于各种强制执行的手段，其中的威吓意味让孙平吓得是体如筛糠、冷汗直流，最后只得交出了公文包。

那么，刘小姐是怎么看出来孙平在刻意隐瞒呢？

以孙平的谦虚礼貌，和他对刘小姐的情愫，如果他真的不知道，一定会对刘小姐非常抱歉，并主动帮她寻找公文包。但事实上，孙平并没有像平常那样善解人意，只是在就事论事。这种对事不对人的风格，不是孙平应该有的。因此，从他不正常的表现上看来，他还是有所隐瞒的。这个推理的过程，就是对形神推理的逆向应用了。

迁徙案

布鲁斯公国存在于一个农业文明占经济主导地位的时期。这个时期，有经验的农民是宝贵的财富，因此，公国禁止有经验的农民外迁。当然，大部分时间里，这项禁令只适用于水田农民。

老道的康达尔负责看守一处边境关口，他的任务之一，就是防止水田技术农民外流。这天，眼看就要到中午的时候，士兵们已经饿了，而且晒了一上午的太阳，连康达尔自己也想快点回营房去。

就在这个时候，远处走来了四个衣衫破旧的农民。他们浑身黝黑、身形瘦削，戴帽子，像是要过关。以往，士兵们分辨水田农民和旱田农民的主要方法，就是看小腿以下的肤色。这次也不例外，他们看到这几个人从头到脚都是长期暴晒才能形成的古铜色，就打算让他们过去了。但康达尔只是略瞟了一下这几个人的脚，就叫士兵把他们拦下了。

他告诉士兵，有着和他们类似特征的脚的农民，都是水田农民。士兵们看了看这些人的脚，说：“长官，他们的脚很正常啊，也没有什么特别的形状、特别的纹理。”

如此说来，康达尔又是怎么分辨出他们水田农民的身份的呢？

水田农民和旱田农民的差别就在于水田农民需要下水，尤其是农忙时节，他们在水田里待得时间长，小腿以下泡在水中，不仅更少收到阳光的照射，还会被水浸得更加滋润。也就是说，除了颜色上的差别之外，水田农民的脚部皮肤比旱田农民的脚部皮肤更加细嫩。相对的，旱田农民的脚长期暴露在干燥的空气中和灼热的日光下，皮肤粗糙，皲裂是常态。因此，根据形神推理，这几个脚部没有粗糙和皲裂现象的农民，应该是水田农民而不是旱田农民。

不在场的证据

这天清晨，位于芝加哥郊区的一座大型化工厂发生了火灾，一时间浓烟滚滚，火光冲天。火焰无情地吞没了厂房，到处都散发出灼人的热浪。消防队员奋战了一上午，才终于把大火扑灭，然而，偌大的化工厂已经成了一片废墟。

事后调查火灾原因时，警方在火灾现场发现了明显的纵火痕迹，因此断定这是一起人为纵火案。经调查得知，科技部的巴特有作案嫌疑，因为他和化工厂经理之间矛盾极深，有一次两个人甚至还差点打起来。有人还称自己看到过巴特，不过当时天只不过蒙蒙亮，不能肯定所看到的人究竟是不是巴特。

巴特现在是最大的犯罪嫌疑人，一定要找到巴特。警长卡尔马上带领警察包围了巴特的家。开门的是一个斯斯文文的中年人，戴着一副估计得有 800 度的高度近视镜，上身穿着一件白色的衬衫，下身是青色的短裤。很难有人一下子就把此人与纵火犯联系起来。

警长卡尔问：“你是巴特吗？”

“是的，你们有什么事吗？”

“我们是来调查一起纵火案的，请问今天凌晨4点左右你在哪里？”

“我一直待在家里，哪儿也没去。”

巴特为了证明自己没有说谎，还拿出一沓照片说道：“为了拍摄这些牵牛花，我今天早晨早早起床。因为牵牛花总是在凌晨4点左右开花，45分钟以后开花结束，这就是我拍下的整个牵牛花开花的过程。相信这些照片足以说明我一直待在家里。”

警长仔细观察了照片，日期显示确实是今天凌晨拍摄的。他又检查了拍照用的相机，确定没有自动拍照的可能。而警长也知道，牵牛花是一种开花时间性很强的植物，每天确实是4点开花。从绽放到开花结束，大约需要45分钟。

如此说来，这件案子就和巴特没有关系了。巴特拍照结束的时间是4点45分，而这个时候火灾已经发生了，巴特不在场的证明是成立的。

然而，警长却觉得巴特就是纵火犯。他是这样想的：在凌晨4点，谁会离开舒服的被窝，起来给牵牛花拍照呢？后来事实证明，巴特果然就是纵火犯。

请问，巴特是怎么制造出不在场证据的？

这个案件中，巴特试图用牵牛花的开花时间来作掩饰，用那些照片作为自己不在场的证据。可这恰恰暴露了他心虚的一

面，因为开花的时间可以很方便地改变，最简单的做法就是：用一密封的纸罩套住花蕾，这样开花时间就会延迟。巴特纵火后，迅速回家摘掉纸罩，然后拍下了开花的整个过程，打算用这些照片来作为自己不在场的证据，可他凌晨为花拍照的反常行为，反而引起了警长的怀疑。

辨认罪犯的神奇药水

纽约市警察局抓获了一个犯罪团伙，不过实施抓捕的过程中，忙中出错，多抓了一个人。准确地说，本来只有4个罪犯，结果却抓进来5个人。现在的情况是，这5个人，人人都喊自己冤枉，怎样才能确定哪一个人是无辜的呢？警察一下子陷入了被动局面。

无奈之际，警察只好求助犯罪心理学专家海尔博士。海尔博士想了一会儿，便很有把握地说："只要利用一下罪犯的心理，便可以确定哪一个人是无辜的。"

海尔博士将一瓶水平均倒入5个瓶里，然后走到那5个人面前，对他们说："这是国际上最新推出的一种新药，有奇特疗效，从表情上就能判断出来谁是罪犯，现在请你们每个人服下一瓶。"

果然，海尔博士很快就把那位真正无辜的人找了出来。

请问，你知道海尔博士是怎样分析的吗？

实际上，这只不过是一种普通的心理测试，而海尔博士所利用的正是犯人的心虚心理。正如俗话所说：不做亏心事，不怕鬼敲门。真正的罪犯一定会面露难色，而不肯把药服下去，只有没有犯罪的人才会坦然地把水喝下。

喝酒也遭殃

吉罗尔大饭店是一个上流人士出入的地方，饭店对这些尊贵客人的安全非常重视，以求把所有的危险消灭在萌芽状态。

这天，领班潘帕注意到大堂里有一位打扮入时的女士。凭他多年的经验，虽然说不出原因，但潘帕就是觉得这个女士怪怪的。他联想到最近警局通报的有罪犯男扮女装四处诈骗客人的消息，心里不由得一惊。

可是，如果仅凭怀疑就通知警察，或者擅自采取行动，都是不符

合吉罗尔大饭店尊贵的身份的。因此，他准备先了解一下再说，这也免得得罪了客人。

于是他走过去，装作非常高兴地对那位女士说："恭喜您！您的座位被我们抽中为活动获奖席位，这两杯 1983 年的崔梅时红酒是赠送给您的。那么，您是一个人吗？……哦，果然是这样，这么美丽的小姐没有人陪实在是太可惜了。您是否介意我陪您同饮呢？哦，这真的太好了。"

于是，潘帕和这个女人一起边喝边聊。酒很快就喝完了，女人甚至比潘帕喝得更干净，看来她很爱喝这种酒，喝得很投入，杯口处都沾上了她的唇膏印。

在注意到这个细节之后，潘帕坚定了自己的看法，上报经理，最终叫来了警察。而结果，这个女人还真的是那个男扮女装的罪犯。

可是，潘帕是怎么看出来的呢？

能够来到吉罗尔饭店的客人在礼仪教养方面的水准都是很高的，这样的女客人不可能不知道在饮酒的时候需要注意不要让唇膏印在杯口处。潘帕根据对方如此忽视细节，运用形神推理得出，这个人可能是男扮女装。行为可以模仿，外表可以装扮，但教养礼仪却是需要长时间养成的。

遗嘱引发的血案

雷恩是个非常不错的青年。出身贫寒之家的他，学习刻苦，工作勤奋，家人和同事都很喜欢他。不过，就像所有的年轻人一样，作为一个白手起家的技术人员，他的财富积累得很慢，虽说吃穿不愁，但是想实现“有房有车”，还有很长的路要走。

不知道是不是他的勤奋感动了神灵，前阵子居然有一笔飞来横财降临到他的头上。事情是这样的：在一个平淡无奇的日子，一位自称是他父母故交的老者找到雷恩，并请雷恩吃饭。在席间，老者谈到他自知时日无多，却又无子嗣。想到早年和雷恩的父母相交甚欢，就想把遗产交给雷恩继承。但考虑到雷恩的父母是本分人，恐怕会拒绝他的好意，因此他直接找到了这位心目中的继承人，告诉他这个好消息。

雷恩开始还不相信，但是当他看到老者交给他的，有着老者亲笔签名和盖章的遗嘱，而里面确实讲到除了极小部分的保留外，老者的绝大部分遗产都会交由雷恩继承时，这个穷小子除了感谢的话什么也说不出来了。尽管这老人的字体歪歪扭扭，甚至横不成行。

不过，事情并没有在这里结束。第二天，雷恩就受到了警方的传讯，因为那位老者被杀死在街头。而老者的死，雷恩的获利最大，因此他受到了怀疑。不过还好，当雷恩把那份遗嘱作为证据交给警察后，很快就解除了嫌疑。

为什么本来说明雷恩有最大作案动机的物证反而帮他洗清了嫌疑呢?

因为无论执笔者的字迹本身有多差，在遗嘱这种重要的事情上，他都会以工整的方式写成。老者的遗嘱笔迹凌乱，说明他根本不在意这些遗产。事后查明，原来老者与人结仇，而雷恩的父母也是老人的宿敌，老人便想拉上仇人的儿子一起死。

菲薄的损失

最近市里发生了一件大事，粮食局局长家被盗了。公安人员迅速到场进行调查取证。

在局长的书房里，一个大型的墨绿色保险柜吸引了众人的注意。保险柜的柜门是大开着的，锁具上有破坏过的痕迹。可以想到，盗贼从这个保险柜中一定得到了不小的收获。

不过，据该局长说，主要财产都存在银行里，因此没有太大损失。只是他平时喜好收藏一些古画、雕刻品，其中有一幅元代名家的作品虽然不算太值钱，但是他非常喜欢。结果现在被盗走了，这着实让他心疼。不过算下来损失也不超过两万元。

与局长的和颜悦色不同，平日里举止端庄、仪态大方的局长夫人现在却咬牙切齿，拼命帮警官分析案情，猜测有可能是哪个有过过节的对头在算计他们。警官们看着屋内的陈设，想想贼人应该是只拿了容易拿走的物品，像夫人梳妆台上摆放着的各种护肤品，上面什么字都有，就是没有中国字；还有衣柜里他们看不出款式但是绝对是手工真皮的女式提包。可见，钱还是换成物品更加安全，至少不容易被盗。

后来，局长对警官们说，报警的其实不是他本人，而是楼下的邻居。因为贼人是从楼外吊绳破窗而入的，因此从外面就可以看出来家中出事了。其实被盗数额很小，他不想太麻烦，就自认倒霉了，所以让警官就不必为此事立案了。

警官想来想去，还是觉得此事蹊跷。你能为警官指出，这件案子中有什么疑点吗?

作为局长夫人，在他们这些外人面前，仪态是很重要的。但是很明显，夫人有些失控。那么，不足两万元的损失是否会值得她为此如此动怒呢？考虑到她的一个手提包很可能就不止

值这个数目，被盗的款项很可能比局长所说的要高很多。

报平安的电话

劳拉入住谢尔顿酒店时，不会想到自己将会陷入一场从未遭遇过的险境。简单说来，她被一名穷凶极恶的歹徒给劫持了。歹徒害怕事情暴露，就威胁劳拉，让她给家里打电话报平安。

无奈之下，劳拉只好按照歹徒的要求去做。她拨通了电话以后，说道："亲爱的妈妈，您好吗？我是劳拉，昨晚不舒服，没有陪您去公园散步。不过现在好多了，多亏了谢尔顿酒店的经理上个月送来的特效药。亲爱的妈妈，不要和我这样的'坏人'计较了，我会永远跟您在一起的，请您原谅我，我的病很快就会好了。今晚到家后再向您当面道歉，可别生我的气哟！好吧，再见。"

令歹徒万万没有想到的是，10分钟后，警察出现在了酒店的各个方向。歹徒知道自己插翅难逃了，便只好举手就擒。

请问，警察是怎么知道劳拉正处于险境之中的呢？

劳拉是一个非常聪明的女孩子，她知道这个电话将会给自己带来唯一获救的机会，为此她一定要把握住。但是，在歹徒面前，怎么来打这个电话才能既让对方知道自己正身处险境，又可以蒙蔽歹徒，不让他发现呢？这是一个难题。

劳拉想到了方法。她拨通电话后，就用一只手捂住话筒，用一捂一放的动作，使得家里人只听到这样的话语：“我是劳拉……现在……谢尔顿酒店……和……坏人……在一起……请您……快……来……”

Part 10

连环推理：一环套一环的推理思路

在众多推理术当中，最严谨的就属连环推理术了，因为连环推理术就像铁链一样一环扣一环，最终将所有的问题都给理顺。

为什么罪犯要洗衣服？因为他的衣服湿了！为什么他的衣服湿了？因为他昨天犯案的时候天空正下着小雨！连环推理通常就是从起点出发，将所有线索都逐一捋顺，串成一串，最终得出结论。因为连环推理思路清晰，证据可靠，让人根本就无法产生出反驳的念头。

那么下面，就让我们根据具体的案情，来看一看小朋友到底掌握了多少连环推理的方法吧！

车体藏毒案

中国警方收到信息，哥伦比亚毒枭通过第三方航运把毒品装在集装箱里运到了 A 港。这可让高层大吃了一惊。需要集装箱运输的毒品，那得有多少！于是，联合工作组成立了，组织各部门统一协作，决心要把这笔毒品挖出来。

都说团结力量大，工作组果然找出了集装箱的位置，并突击搜捕。谁知道，打开集装箱一看，居然是一箱汽车。或者说，是走私车。原来信息来源弄错了，集装箱是用来走私高级轿车的。

尽管警方从上到下都灰心丧气，但是赃车还是要处理的，主要采取的是充公拍卖的形式。由于车辆质量好，价格低，倒是很快销售一空。不过，轿车刚刚售完没几天，上面就下令要追回这些车，这可难倒了下面的人。拍卖会上现场交钱现场提车，哪那么容易找到买主收回啊？果然，他们发现买主中很多都是用的假名，完全无法追查。因此，忙了一阵子，也就收回来一半的车。同时，他们对追回赃车的行动也感到不解。

那么，为什么上面又突然决定要追回赃车了呢？

这里可以使用连环推理的方式进行分析。首先，收回赃车的目的，要么就是为了不让赃车流入市场，要么是决策人觉得赃车需要保留。而赃车本身并不值得如此兴师动众，所以推断赃车的背后还牵涉某些很重要的利益。那么这个利益又是什么呢?

联想到最开始查获赃车是为了追查毒品，结果毒品没查到，却查到了赃车。因此，赃车很可能与毒品有联系。赃车流入市场就意味着毒品流入市场。很显然，毒枭把毒品藏在经过加工的汽车里，借助汽车的掩饰进入了中国市场。就算被查获，也会继续在中国市场存在。拍卖会上毒枭的人分别竞拍走了携带有毒品的轿车，取下毒品后再流通，这就是他们的狡诈之处。

物理学帮破案

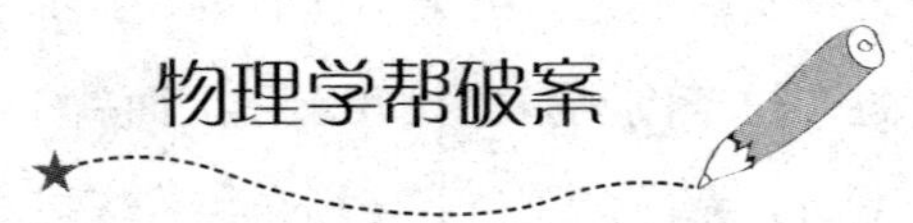

话说曾经有过这样一桩案件。有朋友去看望物理教师海伦，但到达海伦的公寓后，却被告知自己的这个好友于两周前已经遇害。

据看门人说，海伦被发现死亡的时候倒在地上，四周都是散落在地上的教科书，其中一本热力学内容的教科书被压在海伦右手下面。除此之外，没有什么特别之处。而警察也并没有得出什么结论，案件正处于胶着的状态。

此外，看门人还告诉他，事发当天看门人并没有离开过公寓。因此，他可以确定当天没有任何外人来过公寓。这样看来，凶手应该是公寓内部的人。

这栋公寓一共有5层，海伦住在4层。他家的门窗都没有被撬开的痕迹。因此，人们都认为凶手是受到海伦的邀请进入到房间里的。

这样一来，两人应该认识，而且海伦应该知道对方所在的房间。朋友这时想到海伦死前手下压着的那本物理教科书，了解了事情的内幕。

他了解到了什么？

物理学中的热力学部分，主要是围绕气体的温度和压力来讲述的；而海伦的手也是压在这本教材上。因此，朋友明白了，海伦是想通过这样一个动作来告诉后来者一个词——气压。而气压的标准值又是101325这个数字，因此，朋友认为海伦是想突出101这个房间号码。后来事实证明，凶手果然是101房间的房客。

青铜像作证

史密斯和莱温是一对酒肉朋友，有时在一起吃吃喝喝，有时也会为一些鸡毛蒜皮的小事起争执。不过，最近事情闹大了，莱温被史密斯告上法庭，说他杀害了自己的妻子。

史密斯提供的证据是一尊青铜塑像。法医的证词表示，青铜像的底座部分确实检测到了史密斯妻子的血液、毛发和皮屑，同时上面还有莱温的指纹。这样一来，可以说证据已经十分充分了。因此，尽管审判尚未结束，但是法官和陪审团都已经在心中得出了结论。

就在审判将要结束的时候，史密斯提出他有新的证词提交。法官允许后，他又对案发当晚的情形做了详细描述：那晚，他回家很晚，不过在拐进楼门之前，他确实看见莱温跌跌撞撞地从楼里跑了出来，像无头苍蝇一样疯跑向对面。他还看见莱温中途跌倒过一次，怀中抱着的青铜像还在地上碰撞出火星。

对此，莱温辩解道，他当晚确实去过史密斯家，但那是史密斯叫他去的；他敲门没人开，无法联系上史密斯就离开了。当时夜色很浓，他也喝了酒，因此，从史密斯家出来之后，确实在路上跌倒过。不过，他确实没抱着什么青铜像，更不用提入室杀害史密斯夫人了。

那么，法官将如何看待这个新证词呢？

史密斯聪明反被聪明误。整个陪审团由社会各界人士组成，其中不乏了解青铜性质的人。法官会被告知：青铜是抗摩擦的金属，与地面的普通撞击是不会产生火花的。既然如此，史密斯可以被认为作了伪证；而他之所以作伪证，很可能他才是凶手。

放水的选手

体育新闻报道：被看好的绿茵名将李英雄在正在进行的比赛中表现极差，往往接不到队友的传球，甚至带球也能带丢，被对方轻易抢断。李英雄是众多球迷的偶像，他的粉丝们目前对他的表现非常失望甚至气愤，更有甚者直接点名说李英雄拿钱放水。

李队教练看到如此情形，赶忙请求换人。在场下教练的追问下，李英雄承认，他 13 岁的弟弟被绑架，对方说必须让他输这一场球。教练很体谅他的处境，但是，这是本队本赛季关键的一站，没有了李英雄，本队失败的可能性很大。但在当前的情况下，李英雄想要充分发挥是不可能的，因此，教练以最快的速度请最好的私家侦探来解救人质。

根据推理，侦探认为比赛一方为了获胜而进行绑架的这种恶性犯罪的可能性非常小，这是一种得不偿失的行为。而且仅仅绑架对方主将的弟弟也不一定就能够保证己方获胜。因此，他认为对方是假绑架，真恐吓。因为对方只是对李英雄说不希望他进球，并邮寄给他一张写着“哥哥快救活我”弟弟笔迹的字条。那么，目前的问题就是，人质被藏在哪里？很显然，为了避免“绑架”的定性，对方一定是让李英雄的弟弟自愿跟他们走的，并在这段时间里避免弟弟与李英雄联系，以造成绑架的假象。那么，对方究竟是什么人，用什么方法诱拐走李英雄的弟弟的呢？

很显然，能够让一个有独立意识和危机感的13岁孩子跟着自己走的人，必然是一个让这个孩子很有安全感的人，也就是熟人。在这一点确定的前提下，那张写着“哥哥快救活我”的字条就可以有新的解释。一个死了的人才会需要“救活”，但他弟弟明明写了字条，这就证明弟弟没有死。既死了，又没死，这种情况只有一种解释，那就是分别指现实世界和虚拟世界里不同的状态。也就是说弟弟在虚拟世界中死了，也就是孩子们常玩的游戏中自己的人物死了的意思。考虑到这一层意思，侦探询问了李英雄弟弟有哪些熟人，并找出这些人中有游戏机的，就找出了他弟弟被藏匿的地点。

破案的鹦鹉

为人和善的威廉博士一生创造无数，但对钱财并不在乎。因此，他和夫人去瑞士开会，也不曾在家里做什么设防。其实，早有贼人知道威廉博士家中有些值钱的家什，但盗亦有道，那些有节操的盗贼不愿意伤害真正为人类做贡献的威廉博士，因此不曾对他家下手。

但这并不能妨碍那些无所不为的贼人觊觎这里。果然，威廉夫妇赴瑞士后，就有窃贼团伙进入了这座宅邸，搬走了不少财物。威廉可以不在乎这些东西，但警方却不能置之不理。上层给警员们的指示就是，威廉为我国做出了重大贡献，他的家中绝对不能有失。

于是，警员们发现威廉家中被盗后，就立即着手侦办。警方在威廉宅邸忙前忙后，可是线索却很少。正在这时，头顶的鹦鹉开始叫唤："快点比尔，你这笨蛋！快点保罗，你这笨蛋！快点比尔，你这笨蛋！"并不断地重复。

警官眼前一亮，看来这比尔和保罗就是其中窃贼的名字。你觉得警方的判断是正确的吗？保罗和比尔一定是窃贼的名字吗？

答案

这次警方的判断应该是正确的。这里可以用连环推理来解释。从鹦鹉叫出这些名字看来，它应该听到这些字眼很多次了。而鹦鹉听到“笨蛋”很多次，这不可能是和善的威廉夫妇能够叫得出口的。因此一定是别人，而最近就只有窃贼来过这里，而且是在没有任何人守卫和干涉他们的情况下，因此，窃贼能如此大胆地互相称呼也很正常。

健忘的富人

泰恩是个惯偷，这次，他又盯上了一个老富人的别墅。他早就打听好这个富人是个非常健忘的人，于是略施小计，让富人在一座郊野公园中迷了路。他想，等这个老头从公园里转出来，他一定已经跑得远远的了。当然，如果到时候老人还是没出来，他倒是不妨做个好事，提醒一下警察去搜山找找老人。毕竟，他是盗亦有道，从不杀生的。

可是，当他支开老人旁若无人地进入别墅之后，却后悔了。因为他见到了一个前所未见的保险柜。这种先进的配有电子设备的保险柜，必须有密码才能打开。而且后台可能有报警装置，他可不敢贸然尝试打开。那么，密码是什么呢？难不成要他自己去搜山，找到那个肯定已经迷路了的老头问个清楚？他懊恼地一脚踢飞了身边的桌案，惊得栖息在上方横杆上的鹦鹉一阵大叫。

不过，老辣的泰恩最终还是没去找老人就弄到了密码。那么，他是怎么得到的密码呢？

泰恩用连环推理来得出结论，找到了密码。首先，老人本身非常健忘，这么健忘的人不仅会忘记密码，甚至会忘记记录密码的所在。因此，他的密码一定在保险柜附近，最好是都不用他找在哪里，直接就会自己出现的“活密码”。而家中的活物就只有保险柜上方的鹦鹉。泰恩试着喊“密码”，鹦鹉就说出了密码的具体内容。看来，老人确实是这样记住密码的。

一线光明

6月22号，富豪赵先生的儿子在辽宁被绑匪绑架了。他们显然已经把人质劫持到了别的城市，具体位置不详，警方也无从追踪。不过，两个小时后，也就是中午12点的时候，绑匪还是答应赵先生让他看儿子，而且是实时视频。

很快，画面出现了。刚开始，画面上是一望无际的海洋，紧接着，镜头调转180度，赵公子才出现在镜头里。显然，他们是在一处海边。赵先生看到自己儿子尚好，心里也安定了许多。远处的背景下，有成片楼宇，不过由于是逆光拍摄，中午日光又强，摄像效果不是很好。当然，绑匪又不是摄像师，赵先生也没法要求太多。

可是，警方得到这份视频之后，居然找到了绑匪的位置，这是怎么回事呢？

这是一个连环推理的问题。首先，我们知道绑匪的位置是在海边，而且是中午时分，阳光从大陆的方向照射过来的海边。6月22日，阳光直射点在北回归线处，也就是说，中午的阳光是从南方照向北方的。因此，绑匪的位置，是在一处大陆在南方、海洋在北方的海边。从中国的海岸线形状来看，能够达到在陆地上看北边的海洋，可以达到一望无际的程度的位置有很多。但是，考虑到绑匪在辽宁境内劫持了人质，两个小时的公路行车后，他们还无法到达天津市以南。而在这样的前提下，能够满足这种条件的，就只有辽宁大连市的部分海岸线。在这段海岸线中，附近有成片楼宇的地点就更是屈指可数了。因此，警方很快锁定了绑匪的位置。

离奇的枪击案

台风过后的第一个早晨，一名女子离奇地死在了一个房间里。

探长和助手赶到现场后，发现受害者被子弹击中了头部。尸检报告证实，死者生前服用了大量安眠药，并一直处于熟睡状态。

凶器是一把手枪，被固定在了床头上，扳机上则系着一束长长的呈辫状的金发，另一端固定在一根柱子上。探长仔细排查后，锁定了一名嫌疑犯。但这名疑犯称他在死者被害之前一直都在外地，而这点也得到了证实。不过后来证明，的确这名疑犯就是杀人凶手。

请问，凶手是怎么射杀被害者的呢？

探长仔细研究后，发现了头发的特性，而正是通过这个特性，他合理地解析了扳机是如何被开动的。

人的头发——尤其是金发——具有伸缩性。凶手事先就知道会有台风经过这里，他将安眠药放在受害者的食物中，趁其熟睡之际，将手枪固定在其床头，再将金发系在了扳机上。后来台风经过这里，天气变得潮湿，头发被水汽弄湿后收缩，扳机得以被扣动，这样就杀死了受害者。

古池中的死尸

距离市区 15 千米处的郊外，有一个古池，池内是死水，水里有许多水藻和浮游生物。有天清晨，人们在这里发现了一具男尸。

对尸体进行解剖后，警方发现死者的肺部和胃部有许多水藻和浮游生物。如此看来，死者很有可能是不慎掉入古池中溺死的，死亡时间大约是昨晚 9 点。

不过有人反映，死者未必是不慎溺死的，一位男子有重大的杀人嫌疑。警方便对那名嫌疑人进行了调查，但他的女邻居说，该男子一直都在她家和她丈夫下棋。从昨晚8点一直到11点这段时间里，这位男子一直待在她家，只在9点左右回去看了看他的小孩，10分钟后就又来到她家了。

在短短的10分钟之内，人是绝不可能把尸体弄到15千米以外的古池中的。但事实查明，果然是这位男子杀死了被害者。

请问，他是如何杀死被害者的呢？

在被害人不知情的情况下，凶手给他喝下了安眠药。紧接着，他又故意到了邻居家，以制造不在场的证明。9点左右，他假装回来看他的孩子，却把熟睡中的被害人放在浴缸中淹死，而缸里预先装满了古池水。做完这一系列动作后，凶手便又回到邻居家继续下棋。他从邻居家回来后，趁着深夜开车把尸体运到古池旁，并扔进了古池里面。

午夜枪声

一天夜晚，从大学公寓里传来“砰”一声枪响。学生们循着枪声来到一间独栋别墅式公寓，他们看见在二楼卧室里，有一个大学生胸部中枪，倒在了血泊里。

警察赶到后，立即对这件事情展开了调查。警察了解到，这座公寓里总共住着四个学生，他们分别是阿尔杰、贝克、波文，以及死者艾里。警长分别传唤了阿尔杰、贝克、波文，对他们进行隔离审讯。

阿尔杰说：“枪响的时候，我正在修车。我把一盏灯带到了屋后面的车库那里，插上电源刚打开灯的时候，房间里传来了枪声。”

贝克说道：“我往后门走的时候，被地上的电缆线绊倒了。我坐在地上揉着脚腕，大约两分钟后，枪声就响起了，但是我起初并没有意识到这跟我们公寓有什么关系。”

波文说道：“当时，我需要一杯冰淇淋，便往厨房里走。我突然听到后门那儿有声音，就向外看了看，但外面漆黑一片，什么都看不见，所以我就又回到厨房了。几分钟后，我就听到了枪声。”

在厨房的冰箱旁，警官找到一杯融化的冰激凌。在后院的地面上，他看到电线插头已经被扯出了插座，而电线连接的灯还悬挂在阿尔杰那已经打开了引擎盖的汽车上。

请问，你知道谁是凶手吗?

凶手是阿尔杰！波文曾听到后门有声音，这证明贝克的确在命案发生前就回到了家，并且途中被电线绊倒了。如此一来，电线被扯出插座，就又证明了贝克说的话是实话。然而，贝克既然因摔倒而扯出了电线，可阿尔杰正在修车，他应该突然陷于黑暗之中，可他却没有提到他的电灯忽然熄灭。这是因为，那个时候，他正悄悄上楼，准备杀死艾里，所以他根本不知道电灯熄灭的事情。

古钱币失踪案

有个叫加尔托的葡萄园主，他也是一个钱币收藏家，喜欢收集不能使用的外国古钱币。此外，他还在书房里养了一只猫头鹰。一天早上，那只猫头鹰居然被杀了，肚子也被残忍地割开了。

就在猫头鹰被杀的前一天晚上，来了一位从马赛来的客人卢卡。

他也是钱币收藏家，这次来的目的是给加尔托看日本古钱币。两人在书房里互相观看引以为豪的收藏品时，卢卡先生忽然发现他带来的日本古钱币丢了三个。

警察介入此案，展开调查，不过他们在案发现场没有搜查到一点蛛丝马迹，便只好询问当事人。

据卢卡所说，当天晚上，他一直在观赏收藏品，而加尔托则喂过猫头鹰。当发现古钱币不见了时，他找遍了书房，仍然没找到。因此，他怀疑加尔托，因为加尔托也痴迷于古钱币。

加尔托为了证明自己的清白，当场脱去衣服，自愿接受搜身。在他身上，的确没找到钱币，而且他一步也没离开过书房。三个日本古钱币就这样离奇地消失了。

请问，你知道古钱币被谁拿走了吗？

猫头鹰是破本案的关键所在！猫头鹰有个习性，它抓住老鼠和小鸟后，不加咀嚼，就会吞下。加尔托正是利用了猫头鹰的这个习性，他把三枚钱币裹在肉中让猫头鹰吞下了。第二天，加尔托便杀死猫头鹰，取出了古钱币。

女画家之死

一天冬夜，一位女画家被人杀死在自家的屋里，其脖子上有一道勒痕。

警方了解到，案发当晚受害者曾与三个人接触过，其中一个叫保罗，是一家画廊的主人；一个叫西蒙，是一家酒吧的老板；第三个是纽约知名的画商，叫杰克。

保罗说："我是最后一个走的。"

西蒙说："我一直在那里喝酒，杰克走后没多久，我也走了。"

杰克说："我一直在和她谈论画的事情，后来就离开了。不过我离开的时候，透过窗户看到西蒙和保罗用绳子把她绑了起来，当时我还以为他们只不过是在开玩笑，就没怎么在意。"

保罗这时候却说："杰克为何要陷害我，我根本没有拿绳子勒死者，不过我当晚回到家之后给杰克打电话，发现他还没有回去。我看，没准倒是他干的呢！"

探长问杰克："先生，昨晚你是第一个走的，怎么会是最后一个到家的呢？"

"我昨晚是骑自行车回来的。我的汽车坏了，一直没有修，车胎在半年前就爆了。”

探长仔细查看了杰克的车子后，将杰克带回了警局。

请问，探长怎么要将杰克带回警局呢？

杰克最早离开房间，却最迟回到家，这说明他有充足的作案时间。

另外，杰克说他通过窗户看见保罗和西蒙用绳子将受害者绑了起来，而这是不可能的，因为当时外面那么冷，而屋内是很暖和的，窗户上一定有层雾气，所以在外面根本就看不清屋内的情况。

再则，警探检查杰克的车子，发现他的车胎根本就不是在半年前爆的，而是新的车胎，只是用刀子划破了。综合来看，杰克具有重大作案嫌疑。

浴室中的美人

模特菲尔住在公司为所有在这家公司工作的模特租下的 3 层公寓里。当然，就像其他宿舍一样，这里环境简陋，隔音也差。

一天晚上，菲尔又开始诅咒起这该死的公寓。因为楼上的淋浴声不仅依旧清晰可闻，而且那家伙居然洗了 3 个小时还没结束，哗哗的水声让敏感的菲尔无法入眠。她忍无可忍地找到管理员，让他到楼上去协商。管理员到楼上后，无论如何都叫不开门，为了保险起见，他们报了警。

在警察的授权之下，管理员用备用钥匙打开了房门，但浴室没有钥匙，他们只能破门而入。他们发现住在这里的模特浑身赤裸地浮在浴池里，性感的身体被淋浴头喷下来的水冲溅着，却无一丝生气。

把尸体抬出浴池后没多久，法医也赶到了。据初步检查，死者后脑遭过重击。因此，警察们推断这名模特很可能是在浴缸中滑倒，后脑撞在浴缸壁上，随后滑进浴缸溺死。想到这里，警官来到浴室的门前：这门也是从里面插上了门闩的，应该算是密室，所以可以排除他杀的可能性。

不过，就在他刚刚表达完意见之后，他看见门闩上附着一段扭曲打节的头发。这让他对自己之前的判断产生了怀疑。

那么，这头发确实与此案有关吗？

头发对温度和湿度是有一定敏感性的，在受热和受潮的情况下会伸长。女模特的头发是很长的，这就导致整根头发可以随温湿度的改变而产生较大规模的伸长。凶手可以先把女模特杀死，然后再扔进浴缸，打开热水，用长发固定门闩后离去。

之后，浴室里高温高湿的环境会让头发伸长，门闩落下形成密室，从而伪装成意外事件。

劫机犯的下场

一架飞往德黑兰的空客飞机被劫持了。恐怖分子命令机长飞往西非。不过，他们没有料到的是，机长无论如何也不同意，因为机上燃油不够，强行飞往西非只能让飞机坠落在地中海地区。

劫机犯没有办法，只好改变主意让机长联系地面指挥中心，要求在法国地面换机，再前往西非。因为机上人质中有重要人物，国际刑警组织决定先让飞机落下再做打算，所以同意了恐怖分子的要求。

飞机在巴黎机场降落了。劫机犯小心翼翼地押解着飞机上的显贵，向法国提供的转接飞机走去。不出他们所料，地面上已经满是警察，他们只好紧张地小心翼翼地向位于后方的转接机走去。按照协定，他们下机后，原被劫持的班机也可以起飞返航了。可凶徒们没走几步，就意外地跌倒，被早已准备好的刑警制服。

那么，劫机犯为什么会突然跌倒呢？

这一切都是国际刑警组织策划好的。先让劫机犯同意原飞机的返航，再让警察围成通道，且让转接机停在原机后方，迫使恐怖分子下机后只能直接向飞机后方走；原机点火返航是凶徒们早就知道的，所以不会对点火起疑；在他们没有准备的情况下，原机机翼上的发动机全速发动，喷出的高速气流直接掀翻了凶徒。